AF311971

AVIS

AUX

REVERENDS PERES

IESVITES

D'AIX EN PROVENCE,

Sur un Imprimé qui a pour Titre:

Ballet dansé à la Reception de Monseigneur
l'Archevêque d'Aix.

A COLOGNE,

Chez Pierre le Blanc. 1686.

AVIS

AUX

RR. PP. JESUITES,

SUR LEUR

PROCESSION DE LUXEMBOURG,

Du 20. May 1685.

ON ne sçait, mes **R R. P P.** ce que vous direz des avis qu'on a crû vous devoir donner sur voftre rriomphante Proceffion de Luxembourg. Le bon fens & la picté vous devroient faire aimer ceux qui vous les donnent, felon cette parole du Sage ; *Argue fapientem, & diligit te.* Mais il eft bien à craindre qu'on n'éprouve la verité de ce qui eft dit au mefme endroit, *Noli arguere deriforem, ne oderit te.* On a mefme lieu de s'attendre, que vous tâcherez de faire paffer ce donneur d'avis pour quelque heretique ennemi juré du culte de la Sainte Vier-

A   ge.

ge. Car c'eſt vôtre coûtume de décrier en cette maniere tous ceux qui trouvent quelque choſe à redire à vôtre conduite. On eſpere neanmoins qu'il s'en trouvera parmi vous, qu'une paſſion déreglée pour la gloire de la Compagnie n'aura pas tellement aveuglez, qu'ils ne prennent pour un ſervice qu'on luy rend de tâcher de luy procurer une confuſion ſalutaire de ces déreglemens publics qui la deshonorent devant toutes les perſonnes judicieuſes. Ils pourront ſe ſouvenir d'une Proceſſion ſemblable que leurs Confreres de Maſcon firent en 1651. où un garçon vêtu en fille, & qui marquoit par un Ecriteau que c'étoit la Grace ſuffiſante, menoit en triomphe un Evéque couvert d'une crêpe noir comme un mort déterré, qui repreſentoit Janſenius Evéque d'Ipre. ils ſçavent que cela fit un tres-mauvais effet dans le monde, & que penſant confondre leurs adverſaires par ce ſpectacle ridicule, ce furent eux ſeuls qui en demeurerent confondus.

Mais quand les Jeſuïtes ſeroient tous ſi prevenus de la bonne opinion d'eux-mêmes qu'ils ne feroient que s'irriter de ce qu'on a à leur dire, on n'en ſeroit pas moins obligé de rendre un témoignage public de l'averſion que tous les Catholiques doivent

avoir

avoir de ces manieres theatrales d'honorer la Mere de Dieu, si indignes de la gravité de la Religion Chrestienne, & qui ne peuvent que donner sujet aux ennemis de l'Eglise de décrier la devotion que les fidelles ont à la Sainte Vierge, & de la faire passer pour un culte superstitieux & profane.

Le scandale de cette derniere Procession auroit esté moindre, si vous vous fussiez contentez de faire marcher vos presentations comiques & vos fausses divinitez mélées aux plus augustes mysteres de nostre Religion, sans en vouloir éterniser la memoire par l'imprimé que vous en avez donné au public. Hors cela vos profanations n'auroint eu pour témoins que les habitans d'une Ville & de quelques lieux circonvoisins qui les auroint pû oublier. Mais vous avez esté si amoureux de ces inventions payennes, & si avides de recueillir le fruit de vos basses flatteries, que vous avez voulu que vostre imprimé le pût répandre par tout. Mais c'est-ce qui donne aussi le moyen d'y faire quelques remarques qui pourront ouvrir les yeux à ceux qui se laissent surprendre *par de fausses apparences de pieté, qui n'en ont point la vertu*, comme dit l'Apostre.

Cêt imprimé a pour tître. *La Ste Vierge Patrône Honnorée & bienfaisante dans la Frâce*

& dans le Luxembourg. Deſſein de la Proceſſion qui ſe fera par les Ecoliers du Colege de la Compagnie de Jesus *à Luxembourg le* 20. May 1685. *Iour auquel l'Image miraculeuſe de Nôtre-Dame de Conſolation Patronne du Duché de Luxembourg & Comté de Chiny ſera reportée de la Capitale de la Province en ſa Chapelle.*

Il y a deux choſes à conſiderer dans cette Proceſſion , la Religion & la Politique. Nous commencerons par la Religion.

I.

L'Ecriture remarque comme une grande abomination , de ce que les peuples tranſportez d'Aſſyrie dans les Villes du Royaume d'Iſraël joignoient le culte du vray Dieu, qu'ils appelloient le Dieu de cette terre , à celuy des fauſſes divinitez de leur païs ; & il eſt dit de Nehemie qu'il eût une extrême indignation de voir de jeunes enfans Juifs qui mêloient le langage Judaïque avec celuy de leurs Meres étrangeres. Ce que vous faites, mes Peres, dans le narré de vôtre Proceſſion reſſemble à cela. On y voit d'une part l'Image de la Sainte Vierge portée en triomphe ; & meſme le **S. Sacrement.** Mais on y voit de l'autre toute ſorte de divinitez profanes , *le Dieu Mars, Vulcain, les Cyclopes , les Nayades, Cerés, Flore , Pomone & autres divinitez ruſtiques,* ſoûs le nom même

de

de *Dieu* & de *Divinitez*. Cela se peut-il souffrir parmi des Chrestiens, n'est-ce pas mettre l'Arche avec Dagon, & Jesus-Christ
avec Belial ?

II.

Le Dieu Mars n'y est pas sans action, on
luy conserve tout son Empire. Voicy comme vous faites paroître ce Dieu de la Guerre immediatement aprés avoir parlé du Tres-
S. Sacrement. *Pendant que la Procession mar-*
chera elle rencontrera dans la Ville divers Thea-
tres, dont les spectacles differens serviront à in-
spirer agréablement la pieté envers Nôtre-Da-
me de Consolation. Le second de ces Theatres
est pour le Dieu Mars.

Mars, dites-vous, commande à ses Guer-
riers, & à Vulcain, Bronte, Sterope, Pyracmon,
& autres anciens Bombardiers de prendre garde
de ne plus faire aucune insulte à la Chapelle de
N. Dame de Consolation. Ensuite de quoy vous
mettez, *Mot pour le Dieu Mars; Procul ô, pro-*
cal este profani. Virgilius. Comme si rien ne pouvoit estre plus profane qu'un Dieu Mars
dans une Procession Chrestienne. C'est
donc ce Dieu Mars que vous en deviez bannir le premier, & non pas luy donner la
charge de faire retirer les autres profanes.
Mais de plus il y a icy quelque chose de
bien broüillé qu'on a de la peine à com-

A 3   pren-

prendre. Car puisque le Dieu *Mars commande à ces anciens Bombardiers de prendre garde de ne plus faire aucun insulte à la Chapelle de Nostre-Dame de Consolation*, il suppose donc qu'ils luy en ont déja fait. Et cependant s'il luy a esté fait quelque insulte, ce n'a point été par d'anciens Bombardiers, mais par des Bombardiers fort nouveaux, dont on n'a plus rien à craindre presentement. Il semble donc que vous avez voulu marquer par-là que les forges de Vulcain estant sur les terres du Roy d'Espagne, c'est aux Bombardiers d'Espagne Vulcain, Bronte, Sterope & Pyracmon que le Dieu Mars commande de ne plus faire aucune insulte à la Chapelle de Nôtre-Dame de Consolation.

III.

Le troisiéme Theatre n'est pas moins payen que le seconde. *Cerés.* dites-vous, *Flore, Pomone, les Naïades, les Nymphes des prairies & des bois se rejoüissent du retour de Nôtre Dame de Consolation à la campagne.* Ensuite dequoy vous mettez. *Mot des Nymphes & des Divinitez rustiques. Iam redit & Virgo, redeum Saturnia Regna.* Virgil.

Est-ce pas là *un beau moyen d'inspirer agréablement la pieté envers Nôtre-Dame de Consotion*, que cette ridicule fiction poetique, que les divinitez champestres des eaux, des

prai-

prairies & des bois se rejoüissent que l'I-
mage de Nôtre-Dame de Consolation re-
tourne de la Ville à la Campagne ? Cela est
tout-à-fait devot.

IV.

Tout le reste est du même stile. On ne
voit que des Genies, c'est à dire des Démons familiers, car c'est ce que signifie ce
terme dans la langue Latine, des Genies
de l'Eglise, de la France, du Christianis-
me, du Luxembourg, d'autres Genies qui
conduisent des chars de triomphe, ou qui
marchent à la teste des Villes de cette Province & qui en portent les écussons. Cela
pourroit se tolerer dans une Poësie a demi
payenne, mais le peut-on souffrir dans une
Procession où on auroit du n'estre occupé
qu'à adorer le Sacré Corps de J e s u s-
C h r i s t qui a aboli par sa Religion toute divine toutes ces folies du paganisme ?

V.

C'est encore une imagination bien extra-
vagante de faire deux Nymphes de la Religion & de la Verité, & de les joindre à la
Gloire & à la Renommée. *La Renommée dites-vous, accompagnée de la Religion, de la Verité & de la Gloire publie au monde que Loüis le
Grand n'ét pas moins illustre par sa solide pieté
envers la Sainte Vierge que par l'éclat de ses*

ti-

Victoires. Et vous donnez pour *mot à ces qua-*
tre Nymphes. Cedant arma sacris. La Religion est-elle pas bien honorée de passer pour
une Nymphe du même genre que la Renommée & la Gloire ?

V I.

Voicy encores d'autres Nymphes, mais
plus gayes & fort propres à inspirer aux peuples une devotion toute Judaïque envers la S.
Vierge. Il ne faut que vous écouter. *La joye,*
la force, l'abondance & la santé effets ordinai-
res de N. Dame de Consolation, marchent à la
teste des Villes du Luxembourg pour marquer
que ces agréables Nymphes ont persuadé à toute
la Province de se mettre sous la protection de la
Sainte Vierge. C'est donc là selon les Jesuï-
tes, ce qu'ont recherché toutes ces Villes en
se mettant soûs la protection de la Sainte
Vierge. Ce n'ét point d'obtenir de Dieu par
son intercession la grace d'étre plus pieux,
plus mortifiez, plus penitens, plus charitables;
c'est selon les desirs des Juifs d'étre dans
l'abondance des biens de ce monde, d'en
goûter la joye, d'avoir la vigueur & la santé du corps. Car il est assez visible qu'on
ne peut entendre autre chose par ce que vous
appellez *ces agréables Nymphes.*

V I I.

C'est aussi à quoy vous reduisez en un
autre

autre endroit les biens que vous dites que la Province a reçûs de *la protection de sa chere Patronne*. Il n'y entre rien de Chrêtien, rien qui ne fût commun aux Payens & aux Juifs. *La Province du Luxembourg*, ce sont vos paroles, *fait voir sur son char la Ste. Vierge triomphante, & montre d'un côté la paix, l'abondance & les beaux arts; & de l'autre Mars & Bellone dans les chaînes. On comprend assez de son geste & de sa contenance qu'elle attribuë l'éloignement de ses maux & le retour de son bonheur à la protection de sa chere* Patronne.

Et c'est encore ce que vous témoignez par ces méchans Vers.

> *Si Mars arreste ses Guerriers,*
> *Si le sang répandu ne teint plus les Lauriers*
> *Et si la Paix long-temps bannie,*
> *Et l'abondance & les beaux arts,*
> *Rentrent dans nos heureux remparts*
> *C'est l'effet du repos que nous donne Marie.*

Ce mesme Dieu Mars jouë bien des personnages dans cette Procession, tantost il est dans les chaînes, & par conséquent incapable de rien faire : en un autre endroit il commande aux anciens Bombardiers : il arreste icy ses Guerriers, & il semble que la Vierge ait besoin de sa protection pour mettre sa Chapelle à couvert des insultes de Vulcain, Bronte, Sterope & Pyracmon.

A 5   VIII.

VIII.

Ce qui eſt bien à remarquer, Mes Peres, eſt que parmi tant de choſes profanes & de Vers de Poëtes Payens, il n'y a pas un ſeul mot de l'Ecriture, qui auroit du faire ſeule les ornemens d'une Proceſſion vrayment Chrêtienne. Il eſt même bien étrange qu'il n'y ſoit parlé nulle part directement ni de Dieu ni de JESUS-CHRIST, hors la fin où il eſt dit par forme, *à la plus grande gloire de Dieu & de Nôtre-Dame de Conſolation.* Le nom de Dieu n'y eſt que pour ſervir d'épithete à la Vierge qui y eſt appellée deux fois Mere de Dieu ; de ſorte que l'on peut dire qu'il n'y eſt point du tout. Il en eſt de même de JESUS-CHRIST : il n'en eſt parlé que pour dire que les Mahometans ſont les ennemis de JESUS-CHRIST & de MARIE.

IX.

Tout ce qui eſt dit dans cét imprimé du S. Sacrement, qu'on y auroit du faire regarder comme le principal objet de la devotion des fidelles dans cette Proceſſion, eſt qu'il y dévoit être porté *par l'Abbé d'Epternach aſſiſté de ſes Religieux revêtus de leurs chapes.* Mais au lieu que vous n'avez pas manqué de chercher des *mots* ingenieux, ou qui vous ont paru tels, non ſeulement pour la Sainte Vierge, & pour deux Rois de France, mais

auffi pour le Dieu Mars , pour tant de fortes
de Genies , pour tant de diverfes Nymphes , pour les Nayades & pour les autres
Divinitez ruftiques , il femble que vous
n'avez pas crû que le S. Sacrement valût
cette peine. Vous ne luy avez appliqué une
feule parole qui fût propre à reveiller l'attention des affiftans & des fpectateurs pour
en faire l'objet de leur pieté. Il paroit affez
qu'il n'eftoit là que pour la pompe , & plûtoft pour honorer la Sainte Vierge , que
pour faire que l'honneur que l'on rendoit à
la Mere fe terminaft au Fils. Et en effet
comment peut-on croire que tant de perfonnes peu fpirituelles que la curiofité a fait
trouver à cette fefte , ayent pû avoir une
attention raifonnable à cet augufte myftere
parmi tant de vains fpectacles qui remplif-
foient leur efprit de continuelles diftra-
ctions , & qui les portoient inceffamment
à penfer à toute autre chofe.

On fçait auffi que c'eft pour cela que
M. l'Archevéque de Malines avoit défen-
du avec grande raifon , non-feulement de
méler des chofes profanes aux chofes faintes
dans les Proceffions ; mais même d'y porter les Images des Saints quand on y porte le
S. Sacrement ; parce que l'experience a fait
connoître , que c'eft un fujet de tentation

à la plus grande part du peuple, qui s'oc-
cupe bien davantage à regarder ces Images
si ornées & si bien parées, qu'à rentrer dans
soy-même pour adorer Jesus-Christ
dans l'Eucharistie, où il ne frappe point
les sens n'y étant vû que par les yeux de
la foy.

X.

Avant que de passer à la politique je crois
vous devoir dire un mot de vôtre *Inscription
pour les trois Genies de l'Eglise*, *de la France
& du Luxemburg*, afin de vous faire remarquer, que vous eussiez mieux fait de ne point
entreprendre de faire des Vers François, que
d'en faire de si pauvres & si pitoyablement
rimez.

> *Par d'immüables Loix,*
> *Nous conspirons tous trois*
> *A celebrer les grandeurs de Marie:*
> *Nos Clefs, nos Lions & nos Lys,*
> *Luy sont parfaitement soûmis.*
> *Le Ciel benit cette belle harmonie*
> *Qui tient nos cœurs si bien unis,*
> *Et la terre en paroît ravie.*

XI.

Il ne me reste plus qu'à parler de voſtre
politique, qui ne paroit pas trop judicieu-
se. La Metamorphose est trop subite d'un
cœur Espagnol à un cœur François. Il n'y

avoit

avoit guerres plus d'un an que cette mefme Vierge, la Patronne de Luxembourg devoit empefcher les François d'y entrer, & vous en eftiez les cautions. Car ce fut pour ce fujet que vous demandaftes à la Ville qu'on luy mift entre les mains une clef d'or pour leur en fermer l'entrée. Ils y font entrez neanmoins, & la clef vous eft demeurée. Il ne vous fied donc pas bien, Mes Peres, de faire tant les zelez prefentement pour les interefts de la France, lors qu'il ne s'agit que des chofes de la Religion fur quoy on ne doit point avoir egard à la difference des Nations. *Il n'y a point en* JESUS-CHRIST, dit l'Apoftre, *de Gentil, & de Iuif, de Barbare, & de Scythe, d'Efclave, & de libre; mais* JESU-CHRIST *eft tout en tous.* Il n'en eft pas mefme que des divinitez payennes à qui les Poëtes faifoient prendre parti les unes pour Troyes & les autres contre Troyes. La Sainte Vierge n'eft ny Françoife ny Efpagnolle. Elle eft Patronne de tous ceux qui l'invoquent comme ils le doivent de quelque païs qu'ils foient, & comme elle hait par tout les fauffes devotions, elle approuve par tout les veritables. Cependant il femble qu'on la reprefente icy comme la Junon des payens dont le Poëte dit :

Qui

———— *Quin aspera Iuno.*

Quæ mare nunc terras; metu cœlumq; fatigat
Concilia in melius referet, mecumque favebit
Romanos rerum Dominos gentemque togatam.

C'eſt l'idée que vous donnez de la Sainte
Vierge. Il y a un an ou deux que vous
aſſuriez qu'elle ne permettroit jamais que
les François devinſſent maîtres de Luxembourg. Et aujourd'huy vous voulez qu'on
la regarde comme bornant à la France toute
la protection qu'elle donne à cette Ville.

XII.

C'eſt dans cét eſprit que vous ne trouvez
plus que des Rois de France qui ayent
été devots à la Sainte Vierge. Tous les
Princes de la Maiſon de Bourgogne, & de
la Maiſon d'Aûtriche, qui ont été juſques à l'année paſſée les maîtres de Luxembourg ne meritent plus qu'on faſſe men-
tion de leur pieté envers la Mere de Dieu.
Ne vous y trompez pas, mes Peres. Les
meilleurs François ne prendront jamais ce
changement ſi ſoudain que pour une affe-
ctation odieuſe, qui tient de cette humeur
flatteuſe envers les plus forts pour laquelle
vôtre Compagnie eſt ſi decriée. On n'a
pas encore oublié ce que vous fites à Ar-
ras il y a 5. ou 6. ans, qui donna de l'indignation à des Officiers François tres ze-

lez pour la gloire de la France. Vous fiſtes paroître ſur le Theatre de voſtre Collége pluſieurs Princes de l'Europe qui avec beaucoup de ſoûmiſſion acceptoient la Paix aux conditions que Loüis le Grand leur avoit preſcrites : & vous paſſaſtes juſques à cette outrageuſe indiſcretion, que d'y repreſenter le Roy d'Eſpagne fort mal vêtu , & en tres-pauvre equipage à qui le Roy de France oſtoit l'épée.

XIII.

Aprés une longue ſuite de Rois de France repreſentez par vos Ecôliers, vous faites paroître ſur un char de triomphe *Loüis XIII. de glorieuſe memoire accempagné de ſa Cour qui offre ſa perſonne, & ſon Royaume à la Sainte Vierge.* Vous euſſiez bien-fait d'en demeurer là , & de ne pas ajoûter ce *Galimatias* intitulé, *Inſcription pour Loüis le Iuſte.*

Iuſte en la Paix , juſte en la Guerre ,
 Loüis repandit par la Terre
Vn nom que la Iuſtice crua de ſes appas ,
 Mais ce Monarque Auguſte
 Iamais ne fut plus juſte ,
Que quand traçant la regle aux autres Potentats
A la Reine du Ciel il offrit ſes Eſtats.

XIV.

Mais voicy vôtre grand Chef d'œuvre. La France devote à la Sainte Vierge, & comblée

de

de Victoires & de bonheur sous le regne de Loüis le Grand. C'est là ou vous faites paroistre les Nymphes dont nous avons déjà parlé, *La Renommé, la Religion, la Verité & la Gloire,* dont la premiere *publie au monde, que Loüis le Grand n'est pas moins illustre par sa solide pieté envers la Sainte Vierge que par l'eclat de ses Victoires.* Vous y ajoutez une Trouppe d'autres Nymphes. *La Victoire & les vertus chargées de Palmes & couronnées de Lauriers, qui representent en plusieurs Tableaux les grandes actions de nostre invincible Monarque faites pour l'honneur & le service de la S. Vierge.*

Mais parce qu'on n'auroit pas facilement deviné que la plûpart des actions de ce Monarque representées dans ces Tableaux ayent été faites *pour l'honneur & le service de la Sainte Vierge,* vous avez été au devant de cette difficulté, en nous assurant qu'on ne l'auroit pas cru de la plus grande partie, mais que ce que la terre ignoroit, le Ciel vous l'a revelé, C'est ce que porte vostre *Inscription pour Loüis le Grand.*

Pendant que la terre étonnée
De cent prodiges inoüis,
Que fait l'admirable Loüis;
Ne comprend pas LE BUT de cette destinée,
LE CIEL applaudissant à ses faits glorieux
N DIT que ce grand Roy s'acquerant la Victoire.

Tra-

Travaille bien moins pour sa gloire.
Que pour l'honneur de la Reine des Cieux.

XV.

Voyons donc en examinant chacun de ces Tableaux si c'est du Ciel des Divinitez Payennes ou du veritable Ciel que vous tenez ces belles revelations.

TABLEAU I. *Eglises dediées à Noſtre-Dame baties, reparées, & ornées.*

Cela est fort general ; il y en peut avoir. Mais qui vous a dit, que le Roy n'ait pas autant ſongé à honorer Dieu qu'a honorer la Sainte Vierge en baſtiſſant, reparant & ornant ces Egliſes. Quoy qu'il en ſoit, ce premier Tableau peut paſſer, mais voyons les ſix autres.

TABLEAU II. *Priſe de la Hollande & rétabliſſement du culte de la Vierge dans les Temples reconciliez.*

Il ne parroit par aucun acte public que la guerre contre les Hollandois ait eſté pour cauſe de Religion : & de plus pourquoy pretendre que le *but* du Roy, dans la reconciliation de quelques Temples en Hollande ait eſté le culte de la Vierge pluſtôt que l'adoration du S. SACREMENT, & le rétabliſſement en general de la Religion Catholique. N'eſt ce pas donner lieu

aux

aux heretiques de croire qu'on met toute la Religion dans le culte de la Vierge , ce qui ne leur peut-étre qu'un grand sujet de scandale.

XVI.

Tableau III. *Adversaires du culte de la Mere de Dieu chassez de Port Royal , & de la France.*

Est-ce , Mes Peres , que vous ne sçauriez vous empescher de mettre en pratique vôtre nouvelle Morale , qui vous a fait ôter la calomnie du nombre des crimes , lors qu'elle vous paroit necessaire pour l'honneur ou pour la vengeance de vôtre Compagnie ? Car c'en est une horrible de dire , que le Roy dans le dessein d'honorer la Vierge a it *chassé de Port Royal les adversaires du culte de la Mere de Dieu.* Elle y a toûjours été , & y est encore trer-saintement honorée. Il est faux que Mr. l'Archevêque de Paris , qui a ordonné de la part du Roy à 4. ou 5. Ecclesiastiques qui étoient à Port Royal de s'en retirer, leur ait rien dit d'approchant de cette fausse accusation ny d'aucun autre. Et enfin il est faux que le Roy ait chassé de la France aucun de ces Ecclesiastiques ou comme adversaire du culte de la Vierge, ou pour quelque sujet que ce soit. Mais vous qui faites tant les zelez pour l'honneur de la Vier-

Vierge, avez vous crû l'honorer en repandant de si noires médisances dans toute une Province contre des Prestres d'une foy tres-pure, & de meurs irreprochables.

XVII,

TABLEAU IV. *Mahometans ennemis de* JE-SUS-CHRIST, *& de* MARIE *punis à Alger.*

Vous pouvez dire tant qu'il vous plaira que les Mahometans sont ennemis de JE-SUS-CHRIST & de MARIE. Ils ne le sont pas au moins autant que les Juifs, puis qu'ils regardent JESUS comme le Messie, & qu'ils reconnoissent que MARIE estant Vierge l'a enfanté; & on sçait mesme que les Mahometans témoignent porter de l'honneur à la Vierge en faisant des offrandes en plusieurs de ses Chapelles. Ce n'est pas neanmoins dequoy il s'agit s'ils en sont, ou s'ils n'en sont pas ennemis. Car ce Tableau doit representer une action que le Roy Tres-Chrestien ait faite pour l'honneur & le service de la Vierge. Or y eut-il jamais une plus grande chimere que de vouloir qu'il ait fait bombarder Alger, pour punir les Mahometans de ce qu'ils sont ennemis de JESUS & de MARIE ? Il faudroit donc qu'il eut mis pour condition dans la paix qu'il a faite depuis avec eux, qu'à l'a-
venir

venir ils porteroient plus d'honneur à la Sainte Vierge.

XVIII.

TABLEAU V. *Defaite de l'heresie ennemie de la Mere de Dieu.*

Nous nous plaignons avec raison de ce que les Heretiques pour nous rendre odieux nous imputent beaucoup de choses que nous avons toujours soustenu n'estre point les sentimens de l'Eglise Catholique. Nous devons donc garder le mesme équité envers eux. Or ils ont toûjours protesté qu'ils n'étoint point ennemis de la Vierge. C'est donc les irriter mal-à-propos, que de les décrier comme *des ennemis declarez de la Mere de Dieu.* Ni le Roy dans ses Ordonnances, ni le Clergé dans ses Lettres circulaires ne leur ont jamais donné cette qualité. Pourquoy donc vouloir que tout ce que le Roy fait pour tâcher de les ramener à l'Eglise, ait été en les regardant comme *des ennemis declarez de la Sainte Vierge ?* Cela est assûrement fort mal honneste, & est plus capable d'aliener les Pretendus Reformez, que de servir à leur conversion.

XIX.

XIX.

TABLE**AU VI.** *Le Roy met fin à la guerre contraire aux honneurs de Nostre-Dame de Consolation.*

Il est difficile, Mes Peres, de comprendre ce que vous avez voulu dire par ce sixiéme Tableau, qui doit comme les autres repre-senter une action de Loüis le Grand *pour l'honneur & le service de la Vierge.* Car cette *guerre contraire aux honneurs de Nostre-Dame de Consolation* ne peut estre que le Siege de Luxembourg. Or n'est-ce pas Loüis le Grand qui a assiegé cette place ? Vous ne le réprésentez donc point comme fort devot à la Sainte Vierge, puis qu'en disant d'une part qu'il a *mis fin à la guerre contraire aux hon-neurs de Nostre Dame de Consolation,* vous nous faites entendre de l'autre qu'il a fait *une guerre contraire aux honneurs de Nostre Dame de Con-solation.* On dira peut-estre que cela se peut expliquer par vostre second Theatre, & qu'on a du comprendre que selon vous ce n'est pas le Roy Tres-Chrestien, mais le Dieu Mars avec ses anciens Bombardiers Vulcain, Bronte, Sterope & Pyracmon qui a fait cette guerre, où l'on a fait *insulte à la Chapelle de Nostre-Dame de Consolation,* & que c'est le Roy qui y a mis fin.

Voicy

Voicy encore une autre explication ; on ne sçait si elle vous agréera davantage. C'est peut-estre que le Roy Tres-Chrestien a cru que nostre Dame de Consolation seroit mal servie par les Jesuites tant qu'ils demeuroient Espagnols , & qu'il falloit qu'ils devinssent François pour luy rendre plus d'honneur. C'est pourquoy aussi-tôt que Luxembourg a esté prix il a *mis fin à la Guerre contraire aux honneurs de Nostre Dame de Consolation*. Voilà tout ce qu'on a pu penser. Que si on n'a pas bien recontré, prenez la peine de nous donner vous mesme le vray sens de vostre enigme.

XX.

Tableau VII. *Paix redonnée à l'Europe , qui va retablir la sureté à la campagne ensuite les Pelerinages , & les autres devoirs de pieté que l'on a coustume de rendre à Nostre Dame de Consolation.*

Ce dernier Tableau n'est pas plus judicieux que le precedent. Car il ne s'agit pas de sçavoir si la Treve de vingt années que le Roy Tres-Chrestien a procurée à l'Europe sera cause qu'il ne fera plus de Pelerinages à nostre Dame de Consolation ; mais si ç'a esté le *but* qu'a eu le Roy en procurant cette Treve. Or de bone foy , mes Peres,

le

le croyez vous, & y at-il un homme sage, qui le puisse croire? Pourquoy vous étes vous reduits à n'avoir rien de meilleur pour remplir vos Tableaux, que de si grandes fadaises. C'est qu'il falloit tout rapporter à tort & à travers à l'honneur de la Vierge, comme il y en a parmy vous & parmy vos amis qui mettent le Jansenisme par tout. Car en verité ce que vous dites dans la plus-part de ces Tableaux n'est pas moins impertinent que ce que dit un jour un Abbé Bernardin dans une assemblée de Curez en presence de feu Mr. l'Evesque d'Evreux ; *Que les Heretiques avoint fait mourir les Martyrs de Gorcum, parce qu'ils ne vouloint pas adherer à la Doctrine des cincq Propositions.*

XXI.

Ce qui a manquê à vostre Procession, quoy que vous vous y fussiez attendus, comme vous l'aviez marqué dans vostre Imprimé, est que M. le Marquis de Lambert, Gouverneur de Luxembourg ne l'a pas accompagnée. Mais d'un autre costé vous avez oublié d'y mettre qu'il se feroit un repas chez vous à deux pistolles par teste. Car c'estoit à quoy vous aviez taxé ceux qui vouloient étre du festin. Et cela m'a fait souvenir de ce que vos Peres font à Rome pendant le Carnaval. Car S. Philippe de
Nery

Nery voulant empefcher quantité de folies
qui fe font en ce temps-là & principalement
le Jeudy Gras a inftitué pour ce jour-là la
vifite des fept Eglifes que les Preftres de fa
Congregation continuent de faire tous les
ans avec beaucoup de pieté, au milieu de laquelle ils donnent à manger gratuitement à
tous ceux qui y affiftent ; vos Peres par une
loüable emulation ont auffi inftitué une vifite des fept Eglifes en un autre jour du Carnaval. Mais avec cette difference qu'il en
coufte une piftolie ou environ à tous ceux à
qui ils donnent à manger. Il eft vray auffi
qu'ils font bien traittez pour leur argent.

Voilà, mes Peres, tout ce que j'avois
à vous dire. Je fouhaite que vous en faffiez
voftre profit , & que vous appreniez une
fois pour toutes, que ce n'eft point par de
telles badineries qu'on honore la S. Vierge ,
& qu'il faut affurement quelque chofe de
plus ferieux , & de plus Chreftien pour
luy rendre un culte qui luy agrée. Le 28.
Juin. 1685.

F I N.

AVIS
AUX
RR. PP. JESUITES
D'AIX EN PROVENCE,

Sur un Imprimé qui a pour Titre:

Ballet danſé à la Reception de Monſeigneur l'Archevêque d'Aix.

IL eſt étrange, Mes Reverends Peres, que vous ayez ſi mal profité des Avis que l'on donna l'année paſſée à vos Confreres de Luxembourg ſur leur ſcandaleuſe Proceſſion; & que l'on ſoit obligé de vous en donner de ſemblables ſur ce que vous venez de faire à Aix qui n'eſt pas moins indigne de Chrêtiens, de Religieux & de Prêtres.

Si vous aviez conſulté vos Peres de Paris, on ne doute pas qu'ils ne vous euſſent conſeillé de mieux menager vôtre reputation &

A   l'honl'honneur de la Compagnie. Car on sçait qu'ils n'ont pas approuvé qu'on eut employé toutes sortes de Divinitez payennes pour rendre honneur à la Vierge dans une Procession où on portoit le S. Sacrement; qu'ils en ont eu honte ; & qu'ils n'ont eu autre chose à dire, sinon que leurs Peres de Luxembourg étoient de bons Flamends qui n'avoient pas encore profité de l'avantage qu'ils ont d'étre à la France; que leur devotion se raffineroit avec le temps ; & que pour eux ils n'auroient garde de rien faire de semblable.

Que diront-ils maintenant qu'ils ne peuvent plus attribuer vos folies à la pretenduë grossiereté d'un Climat étranger, puis que c'est en France & par des Jesuites François qu'elles se font commises , dans un Païs dont les habitans ne passent pas pour de *bons Flamends*, mais pour des esprits fort déliez, dans une Ville de Parlement, & aux fraix de ses principales familles dont les enfans ont esté vos Acteurs, & si on vous en croit, avec l'applaudissement de tout le monde? S'ils sont raisonnables, ils avoüeront que vous vous estes justement attiré ces nouveaux Avis, & que les circonstances que je viens de marquer ne faisant que rendre vostre action plus scandaleuse, on n'a pû sans faire

tort

tort à la Religion ſe diſpenſer de vous en faire une correction publique. Vous le devez trouver bon , Mes Peres, pour peu que vous ayez de chriſtianiſme, & prendre pour une marque que l'on vous aime, de ce que l'on vous fait cette charité, ſelon cette belle parole de S. Auguſtin : *Magis amat objurgator ſanans quam adulator unguens caput.*

I.

Le ſilence , Mes Peres, que vous affectez à l'égard de M. le Cardinal Grimaldi predeceſſeur de celui à qui vous faites une reception ſi magnifique & en même temps ſi profane & ſi payenne , ne vous fait pas d'honneur. Mais avant que d'en decouvrir le myſtere, il faut vous en faire rougir s'il y a moyen, en vous faiſant voir combien ce ſilence eſt injuſte, & combien il eſt contraire à la pieté & aux ſentimens que les veritables Chreſtiens ont toujours fait paroiſtre en de ſemblables occaſions.

Si vous eſtiez auſſi verſez dans l'hiſtoire de l'Egliſe & dans ſes ſaintes pratiques, que vous temoignez l'eſtre dans les fables des Poëtes, vous auriez ſçu peut-eſtre ce qui ſe paſſoit autrefois aux Elections & aux Ordinations des Evêques. On en peut juger par ce qui ſe faiſoit à Rome, ſelon ce qu'on

en aprend d'un Livre du VIII. Siecle intitulé *Diurnus Romanorum Pontificum*, qui a été donné au public, il y a quelques années, par vôtre P. Garnier. On y voit quelle étoit la douleur des fidelles dans la perte de leurs bons Pasteurs. C'estoit la coutume qu'on en annonçoit la mort à l'Exarque de Ravenne qui gouvernoit l'Italie sous l'Empereur qui tenoit son Siege à Constantinople : Et voicy comme ceux qui representoient alors le S. Siege s'acquittoient de ce devoir : " Ce
,, n'est pas sans beaucoup de gemissemens & de
,, larmes, disoient-ils, que nous faisons connoi-
,, stre à Vôtre Excellence que Dieu conserve,
,, qu'il a plu à Dieu qui gouverne le monde par
,, les loix de sa providence, de retirer de cet-
,, te vie nostre tres-saint Pontife, dont la mort
,, a causé une douleur si universelle, que tous
,, jusqu'aux pierres mêmes, s'il est permis de
,, le dire, en ont pleuré, *Cujus cuncti verè,
& si dicendum est, etiam lapides ipsi fleve-
runt exitum.* " Il est mort, poursuivent-ils,
,, le N. de ce mois, & dans l'accablement de
,, tristesse où nous met une telle perte, la seu-
,, le chose qui nous reste, est d'élever nos yeux
,, vers JESUS-CHRIST, afin qu'ayant pitié de
,, l'abandonnement où nous sommes, il dai-
,, gne donner un veritable Pasteur à son Eglise

se qu'il a fondée lui-même, & contre laquel- "
le, selon sa promesse les portes de l'Enfer ne "
prevaudront jamais. "

Et afin que l'on ne dise pas que cette tristesse n'estoit que passagere, & que la joye
du successeur en effaçoit entierement le sou- *Ibid.*
venir, on n'a qu'à lire pour estre convain- 10.
cu du contraire, le Decret qui se faisoit ensuite de l'Election pour estre mis & conser-
vé dans les Archives de l'Eglise de Rome.
On y parle à la verité de consolation & de
joye, mais on n'y perd point de vuë la
tristesse qui les a precedées. On remercie
la divine providence "d'avoir converti les "
gemislemens & les pleurs de l'Eglise en des "
cris d'acclamation & de joye, & d'avoir "
fait succeder une abondance de consolation "
à un excés de douleur .... la mort de "
nostre S. Pontife, ajoutent-ils, que Dieu a "
appellé de cette vie à une meilleure, nous "
avoit mis dans un grand accablement nous "
voyant ainsi destituez de nostre Pasteur; "
mais la bonté divine n'a pas laissé long-temps "
en cet estat ceux qui esperoient en lui."

Mais peut-être qu'on avoit soin de cacher
cette tristesse au Successeur, & qu'on affe-
ctoit de ne faire paroître devant luy que de la
joye. Les vrais Chrêtiens ont toûjours esté

 plus

plus simples, & la diffimulation n'a jamais esté leur caractere. Ceux que nous propofons icy pour modele, parloient dans des actes publiques qui étoient vûs de tout le monde, & ils ne faifoient point de difficulté d'y témoigner que ce qui caufoit leur joye dans l'Election de leur Pasteur estoit qu'il avoit autant de merite que celuy qui venoit de leur estre enlevé, & qu'ils efperoient de rétrouver dans le Succeffeur le même avantage qu'ils venoient de perdre avec le defunct, *Ut quidquid boni in illo amifimus, in hoc nos invenire indubitabiliter confidamus.*

I I.

Voila, Mes Peres, de quels fentimens voftre joye devoit estre temperée. Si elle en avoit esté d'une part moins évaporée & moins mélée d'objets triftes, elle auroit paru de l'autre plus naturelle & plus raifonnable & auroit moins choqué les gens de bien. D'où vient donc que ce qui faute aux yeux de tout le monde ne vous est point venu dans l'efprit? Eft-ce que M. le Cardinal Grimaldi n'avoit nulle qualité qui dût vous le faire regretter? Ses vertus Epifcopales qui l'ont fait estre l'un des plus grands ornemens de l'Eglife Romaine & de l'Eglife Gallicane, n'ont elles point esté capables de faire de fa

mort

mort un assez grand sujet de dueil pour n'étre
pas tout-à-fait oublié à la reception de son
successeur? Il n'avoit à la verité ni le zele
d'Hercule, ni la douceur d'Orphée, ni la
vigilance d'Argus, ni la charité d'Esculape,
ni la science d'Apollon, dont vous com-
posez le caractere du Héros de vostre Ballet;
mais il possedoit en un degré eminent les
qualitez que doit avoir un Evêque selon S.
Paul. Il estoit irreprehensible; Il estoit so-
bre, prudent, grave, modeste; Il estoit
equitable & moderé, éloigné des contesta-
tions; desinteressé; tres reglé dans sa famille.
Ceux mêmes qui sont hors de l'Eglise n'ont
jamais parlé de lui qu'avec estime. Il estoit
l'exemple & le modelle des fidéles dans les
entretiens, dans la maniere d'agir avec le
prochain, dans la charité, dans la foy, dans
la chasteté. Il fuyoit les fables impertinentes
& pueriles dont vous faites vos triomphes, &
la pieté faisoit son exercice continuelle. D'où
vient donc, Mes Peres, que la mort d'un si
saint Pasteur qui devoit faire pleurer jusques
aux pierres mesmes, pour me servir de l'expression de l'Eglise de Rome, n'a pû arra-
cher de vous une seule marque de douleur
dans une occasion où il vous auroit esté si
bien séant, au moins de vous contrefaire?

A 4

Je

Je n'en cherche point la raiſon dans la divine providence. On pourroit croire qu'elle n'a point voulu permettre que la memoire de ce grand Cardinal fuſt deshonorée, comme elle l'auroit eſté, ſi vous aviez confondu ſon nom avec ceux de vos divinitez payennes que vous faites danſer à la reception du Prelat de voſtre Egliſe. Mais de bonne foy, quelle a pû eſtre par rapport à vous-meſmes la cauſe de voſtre ſilence ſi affecté? Eſt-ce que c'eſt la nature de ces ſortes de joyes profanes, qu'elles ennyvrent, & qu'elles font oublier le bon ſens & la raiſon? C'eſt quelque choſe. Mais en voici tout le myſtere. Feu M. le Cardinal Grimaldi eſtoit ennemi de voſtre méchante Morale; il n'avoit que de l'horreur pour vos maximes; ſes regles dans l'adminiſtration du Sacrement de Penitence, eſtoient contraires aux voſtres; il vouloit qu'on mit en uſage bien plus ſouvent que vous ne voudriez le delay de l'Abſolution; que l'amour de Dieu fuſt la marque & le caractere des veritables converſions; que la charité fuſt l'ame des bonnes œuvres; qu'elle en fuſt la fin, le principe & la regle.

Or quelque Saint que ſoit un Eveſque vous ne luy donnerez ni approbation ni loüange lors que ſa conduite ſera contraire à la voſtre

&

& qu'il n'agira point ſelon vos maximes. Vous n'aviez donc garde de faire regretter un Archevêque à qui vous ne ſeriez pas bien-aiſes que ſon Succeſſeur reſſemblaſt. Vous avez eſté ſinceres ayant mieux aimé ſupprimer ſa memoire que de dementir par quelque marque exterieure de regret les ſentimens de voſtre cœur qui nageoit dans la joie de ſe voir delivré d'un Prelat incommode, dont la vie eſtoit un reproche continuel de vôtre conduite; ſemblables à ces femmes coquettes qui ne peuvent diſſimuler la joye qu'elles reſſentent à la mort de leurs maris, dont le joug ne s'accorde pas avec la malheureuſe liberté qu'elles recherchent. **I I I.**

En effet, Mes Peres, vous ne pouviez agir plus conſequemment qu'en recevant le Succeſſeur d'un Prelat pour qui vous avez fait paroître ſi peu d'attachement, avec des demonſtrations de joye qui conviennent mieux à une Courtiſanne qu'à l'Egliſe dont vous faites partie, qui comme une chaſte Epouſe devoit aller au devant de l'Archevêque ſon nouvel Epoux avec plus de gravité & de modeſtie qu'on n'en peut avoir dans un ballet de vôtre façon. Je veux croire que vous eſtes les premiers qui en avez introduit l'uſage à la reception des Eveſques. Je n'en

 trou-

trouve nulle part aucuns veſtiges. Dieu veüille que vous ſoyez les derniers, & que vous n'ayez jamais d'imitateurs dans une action ſi bizarre & en même temps ſi pernicieuſe. Car enfin, Mes Peres, eſt-il poſſible que vous n'ayez pas vû le tort que vous faites à la jeuneſſe à qui vous devez une éducation chrêtienne, en leur inſpirant de ſi bonne heure & dans un âge qui eſt ſuſceptible de tout, la paſſion pour la danſe qu'on ne peut douter, pour peu que l'on ſçache ce qui ſe paſſe dans le monde, qui ne leur puiſſe eſtre un jour une grande occaſion de commettre beaucoup de pechez.

Je ne m'amuſeray point, Mes Peres, à vous repreſenter ce que les ſaints Docteurs ont dit contre les danſes & contre les bals. Vous en appelleriez à vos Caſuiſtes, qui pretendent qu'on doit moins s'arreſter à ces bons Docteurs, pour ce qui eſt de la Morale, qu'à vos nouveaux Auteurs qui ont mieux connu qu'eux le genie de ces derniers ſiecles. Mais que direz vous de S. Charles qui a fait un Traité exprés contre les danſes pour en détourner les Chrêtiens, comme eſtant tres perilleuſes pour le ſalut, & qui les met entre les œuvres de Satan auſquels nous avons renoncé à nôtre baptême ? Luy oppoſerez
vous

vous vôtre Pere Meneftrier, qui a efté fans doute d'un Avis bien contraire, puis qu'il n'a point eu honte de faire imprimer fous fon nom un livre des ballets comme une piece fort digne d'un Religieux & d'un Jefuite.

Croyez-moy, Mes Peres, vous ferez bien de ne vous pas engager dans une fi mechante caufe. Vous vous attireriez fur les bras tout ce qu'il y a d'Evêques zelez & de bons Pafteurs dans l'Eglife, auffi bien que les Seigneurs qui ont de la pieté, qui employent tout ce qu'ils ont d'autorité ou fpirituelle ou temporelle, pour bannir les danfes des lieux où ils ont du pouvoir. Reconnoiffez que c'eft une tres méchante chofe que de mettre des enfans que l'on vous confie pour les élever Chrêtiennement, en état de pouvoir aimer un jour ces divertiffemens dangereux, & que des payens mêmes ont jugé indignes de perfonnes qui ne feroient pas folles, où que l'excés du vin n'auroit pas mis hors de leur bons fens. C'eft ce que vous avez dû avoir appris de vôtre Ciceron: *Nemo enim*, dit-il, *ferè faltat fobrius, nifi infanit.*

Que fi la raifon feule peut faire avoir ces fentimens, combien en doit-on plûtoft avoir de femblables dans l'écôle de Jesus-Christ, qui eft une écôle de mortification & de re-

non-

noncement à tous ces vains plaiſirs; Et que peut-on concevoir de plus indigne de la Religion d'un Dieu mourant ſur la Croix, que de pretendre honorer un de ſes Pontifes par une troupe de baladins, que Ciceron auroit pris pour une troupe de fous ou de gens yvres.

Ce n'eſt donc pas au Theatre & au bal que vous avez dû conduire un Archevêque qui fait ſon entrée dans la principale Ville de ſon Dioceſe, mais à l'Egliſe & à l'Autel pour implorer le ſecours de Dieu dans les commencemens de ſes fonctions Epiſcopales, & pour attirer les graces dont il a beſoin pour s'acquitter d'une charge qui a toûjours fait trembler les plus grands Saints.

L'Auteur de la vie de S. Bernard, rapporte qu'Innocent II. "au retour de Liege voulut ,, luy-meſme viſiter Clairvaux, & que Sa Sain- ,, teté y fut reçûë avec une extrême affection ,, par les pauvres de Jesus-Christ qui y ,, habitoient, & qui n'allerent pas au-devant ,, de luy parez d'ornemens de pourpre & de ,, ſoye, ni avec des livres d'Egliſe dont la ,, couverture fuſt d'or ou d'argent; mais eſtant ,, vêtus de gros drap portant une croix de bois ,, mal polie, & ne témoignant pas leur con- ,, tentement par le grand bruit des trompet-

tes,

tes, ni par des acclamations & des cris de „
joye, mais en chantant doucement & mode-„
stement des Hymnes & des Cantiques. Les „
Evesques pleuroient, & le Souverain Pon-„
tife repandoit des larmes. Il admiroit la gra-„
vité de cette Compagnie, voyant dans une „
occasion de joye si publique & si solemnelle „
leurs yeux baissez contre terre, sans qu'ils „
les détournassent jamais de costé ou d'autre „
par une vaine curiosité; mais ayant les pau-„
pieres abbaissées, ils ne voyoient personne, „
& estoient vû de tout le monde."

Je ne pretens pas, Mes Peres, que vous
ayez dû ni vous ni vos Ecoliers vous reduire
sur ce pied-là, dans la reception de vostre
Pasteur. Ce seroit vouloir cueillir des raisins
parmi les épines ? Mais au moins quelque
chose de Chrétien. Une seule de ces acclamations qui se firent par le peuple d'Hip-
pone à la nomination du Successeur de
Saint Augustin ; DIEU SOIT REMER-
CIE', QUE JESUS-CHRIST SOIT BENI.
On ne vous demande pas que vous l'eussiez repetée *trente-six fois*, comme on fit
alors : une seule auroit suffi pour vous mettre
au moins à couvert du juste reproche que
l'on vous peut faire, de n'avoir pas dit un
seul mot ni de Dieu, ni de JESUS-CHRIST
dans toute cette feste. IV.

I V.

On n'y voit au contraire par tout que des divinitez payennes. Jupiter, Hercule, Orphée, Apollon, Esculape, Argus, Mercure, des Genies, des Zephirs, des Songes, la Renommée, la Discorde, les Furies, en font les principaux Acteurs: L'Innocence, la Verité, la Religion, n'y paroissent que pour estre deshonorées.

On a reproché à vos Confreres de Luxembourg ”Qu'ils avoient imité les peuples ” transportez d'Assyrie dans les villes du Roy- ” aume d'Israël qui joignoient le culte du vray ” Dieu qu'ils appelloient le Dieu de cette terre ” à celuy des fausses divinitez de leur païs; ” Qu'ils avoient mis l'arche avec Dagon, & ” qu'ils avoient voulu allier JESUS-CHRIST ” avec Belial.” Ce reproche leur convenoit bien parce qu'ils avoient joint par tout la Sainte Vierge aux divinitez payennes. Mais on auroit moins de raison de vous le faire. Car le Paganisme regne tellement dans vostre Ballet, qu'on n'y trouve rien qui applique l'esprit à quelque chose de particulier à la Religion Chrestienne. En quoy neanmoins on vous doit plustôt excuser que blâmer. Car qu'auriez vous fait de JESUS-CHRIST ou de sa sainte Mere, ou de quel-

que

que autre Saint, si vous les aviez introduit dans un Ballet où tout doit danser? Les auriez vous fait danser avec vos divinitez baladines? Qui auroit pû souffrir cette impieté? Cependant cela n'auroit pas esté plus impie, que de faire danser l'Amour divin, c'est-à-dire, le S. Esprit avec des divinitez fabuleuses, comme firent il y a quelques années vos Confreres de la Flesche dans un Ballet où pour monstrer le peu de pouvoir qu'a le S. Esprit sur nos cœurs, ils luy faisoient employer Vulcain, les Naiades, Morphée pour dompter un cœur rebelle sans en pouvoir venir à bout.

Vous ne manquerez pas de nous dire à l'exemple de l'Avocat qui a entrepris de justifier vostre scandaleuse Procession de Luxembourg, que ce Ballet aussi-bien que cette Procession n'est qu'une *Allegorie*, que c'est *s'arrester à des vetilles*, & estre susceptible *de petits scrupules* que d'en condamner l'usage *dans des Ecoliers qui étudient les belles lettres & la fable.* Et vous n'oublierez pas de nous alleguer encore, comme a fait cet Avocat en deux endroits, ces vers de M. Despreaux :

De n'oser de la fable employer la figure,
De chasser les Tritons de l'Empire des eaux,

D'oster

D'ôter à Pan sa flûte, aux Parques leurs ciseaux,
D'empescher que Caron dans la fatale barque,
Ainsi que le Berger, ne passe le Monarque;
C'est d'un scrupule vain s'allarmer sottement,
Et vouloir aux Lecteurs plaire sans agréement,
Bien-tost ils défendront de peindre la prudence:
De donner à Themis ni bandeau ni balance,
De figurer aux yeux la Guerre au front d'airain,
Où le temps qui s'enfuit une horloge à la main:
Et par tout des discours comme une idolatrie,
Dans leur faux zele iront chasser l'allegorie.
Laissons les applaudir à leur pieuse erreur,
Mais pour nous bannissons une vaine terreur.

Ne diroit-on pas en effet que M. Despreaux vous donne cause gagnée, & qu'aprés une décision si formelle il n'y a plus d'appel?

J'en appelle cependant & à M. Despreaux luy même qui ne sera peut-être pas fasché que je le venge de l'injure qu'on luy fait d'employer son nom & ses vers pour autoriser une chose qu'il a expressement condamnée dans la mesme page d'où les Vers que je viens de rapporter sont tirez. Car voicy comme il commence la periode dont vôtre Avocat à affecté de ne rapporter qu'une partie.

Ce

Ce n'est pas que j'approuve, en un sujet Chrêtien,
Un Auteur follement idolatre & Payen,
Mais dans une profane & riante peinture,
De n'oser de la fable emploier la figure, &c.

Le sujet pouvoit-il estre plus Chrêtien, qu'une Procession où on portoit le S. Sacrement, & que le devoit estre aussi la reception d'un Archevêque & d'un Ministre de Jesus-Christ ? Et les Auteurs de ces deux pieces, que l'on sçait bien, Mes Peres, n'estre point des Ecoliers, mais des Religieux & des Prêtres, pouvoient-ils estre plus *follement idolatres*, au sens de M. Despreaux, que de mesler tant de fausses divinitez, où on ne devoit rien representer qui ne respirât la pieté Chrêtienne ? Gardez vous donc bien de nous donner M. Despreaux pour garand de vos folies. Il est trop judicieux pour les approuver. Et vous le pouvez encore apprendre de ces six Vers que vous trouverez au même Chant :

De la foy d'un Chrêtien les Mysteres terribles,
D'ornemens egayés ne sont point susceptibles.
L'Evangile à l'esprit n'offre de tous costez,
Que penitence à faire, & tourmens meritez,
Et de vos fictions le mélange coupable,
Mesme à ses veritez donne l'air de la fable.

C' est

C'eſt donc, ſelon M. Deſpreaux, abuſer de la fable, ou plûtoſt de la Religion, que d'y meſler vos ornemens profanes dont elle n'eſt point ſuſceptible. C'eſt donner l'air de la fable à des ſujets Chrêtiens, que d'y faire entrer vos fictions.

Mon deſſein n'eſt pas de pouſſer davantage vôtre Avocat de Luxembourg. Je n'en ay parlé que pour vous oſter l'envie d'employer pour vôtre défenſe les mêmes vers dont il abuſe. Pour le reſte de ſes bevuës & de ſes ſottiſes il en a reçû la confuſion qu'il meritoit par le jugement qu'a fait de ſon libelle l'Auteur des Nouvelles de la Republique des Lettres que vôtre fameux P. Hazart prit l'autre jour pour ſon Apologiſte contre un Factum fait en faveur des petits Néveux de M. Janſenius Evêque d'Ipre. C'eſt dans le mois de May de cette année 1686. qu'il dit ce qui ſuit p. 592.

Reflexion ſur le Libelle intitulé, Avis aux R.R. P.P. Jeſuites ſur leur Proceſſion de Luxembourg. Par un Avocat de Luxembourg. in 12.

„On a parlé amplement de cet Avis dans „les dernieres Nouvelles d'Octobre, & on

ne s'étendroit pas moins fur la Réponfe de »
cet Avocat, fi on y trouvoit de la matiere, »
mais on ne fcait fur quoy donner fond. Cela »
diminue l'étonnement où l'on a efté de voir »
que l'Avocat d'une caufe fi favorifée n'ofe ni »
dire fon nom, ni marquer le lieu où il a fait »
imprimer fon Livre. Il nous affure que les Je- »
fuites n'ont pas feulement fongé à répondre ; »
il devoit fuivre leur exemple & craindre le »
bon mot d'un Sicilien, *Quæfo, inquit Præ-* » *Cic. de*
tor, Adverfario meo da iftum patronum, »² *Orat l.*
deinde mihi neminem. De grace donnez cet »
Avocat à mes parties, & puis ne m'en don- »
nez aucun."

V.

Mais il eft temps, Mes Peres, de faire
l'Ouverture de voftre Ballet. Vous y faites
paroiftre Jupiter élevé au milieu de l'air, de-
clarant que pour fatisfaire les vœux des peu-
ples, il veut leur donner un Heros, fous l'Em-
pire duquel ils verront reflcurir la Religion &
la pieté. Vous le faites, *remonter au Ciel*
aprés avoir fait en peu de mots l'eloge de ce
Héros.

Ce *Jupiter* que l'on voit dans les livres des
Poëtes comme tonant & adultere tout en-
femble, reprefente icy par les foins des R.R.
P.P. Jefuites le veritable Dieu que nous ado-

rons

rons, qui defcend exprés du Ciel dans l'air pour promettre un Archevêque à la Ville d'Aix. On ne peut donner d'autre fens à leur pretenduë allegorie. Mais qui ne voit en même temps que rien ne peut eftre plus impie & plus injurieux à Dieu que de le faire parler & agir fous la forme & le nom de *Jupiter* qui eft un perfonnage réel qui ne peut ramener à l'ofprit que des idées les plus infames & les plus honteufes. On fçait qu'il eft permis dans le difcours d'animer les vertus & les vices, & de donner un corps, un ame, un efprit, un vifage, aux chofes qui n'en ont point. Perfonne, par exemple, ne trouve à redire que M. Defpreaux ait fait parler ainfi la pieté dans le fixéme Chant de fon Lutrin.

Pour comble de mifere, un tas de faux Docteurs
Vint flatter les pechez de difcours impofteurs,
Infectant les Efprits d'execrables maximes,
Voulut faire à Dieu même authorifer les crimes.
Une fervile peur tint lieu de Charité.
Le befoin d'aimer Dieu paffa pour nouveauté.
Et chacun à mes pieds confervant fa malice,
N'apporta de vertu que l'aveu de fon vice.

Mais vouloir, comme on fait icy, reprefenter le fouverain Eftre, par un eftre
réel

réel & animé tel que Jupiter, c'est non seulement manquer de bon sens & d'équité, & violer toutes les regles de la pieté & de la bienseance, mais c'est comme dit encore M. Despreaux.

Parmi vos ridicules songes
Du Dieu de verité faire un Dieu de mensonges.

Ce que vous mettez dans la bouche de Jupiter, n'est pas moins injurieux à Dieu que Jupiter mêmes. Le mot d'Empire par lequel vous exprimez la conduite future de vostre Archêveque, fait voir que vous n'estes gueres accoutumez au langage ni de l'Ecriture ni de l'Eglise, n'y ayant rien dans l'une & dans l'autre qui soit davantage condamné dans un Evêque, que cet Esprit de domination & d'Empire avec lequel il voudroit gouverner les ames que JESUS-CHRIST a mises en liberté. *Paissez le troupeau qui* 1. Pet. 5. *vous est commis,* dit S. Pierre à tous les Evêques, ... *non en dominant sur l'heritage du Seigneur, mais en vous rendant les modelles du troupeau par une vertu qui naisse du fond du cœur.* Et JESUS-CHRIST dans l'Evangile: *Les Roys des Nations dominent sur eux, & ceux qui ont puissance sur les peuples sont appellez Roys & Seigneurs, mais il n'en est pas ainsi de vous.* „Il est donc clair, „
dit „

De Con-
fider.
Prolog

„ dit faint Bernard, que la domination eſt
„ interdite aux Apoſtres, & que ſi vous
„ voulez avoir la domination & l'Apo-
„ ſtolat tout enſemble, vous les perdrez tous
„ deux. Vous devez dompter les loups, mais
„ non pas dominer ſur les brebis. Car on vous
„ les a confiées pour les paiſtre, & non pas
„ pour les opprimer."

Mais de quoy s'aviſe voſtre Jupiter de dire, *que ſous l'Empire de voſtre Héros, les peuples verront refleurir la Religion & la pieté?*
Eſt-ce que feu M. le Cardinal Grimaldi les
avoit laiſſé perir l'une & l'autre, & qu'elles
one beſoin de refleurir ſous voſtre Héros?
C'eſt ce que nous pourrons examiner plus
bas. Je me contenteray d'avertir icy que
dans voſtre Dictionaire *faire refleurir la Religion & la pieté* dans un Dioceſe; c'eſt y
mettre le trouble & la confuſion; c'eſt en
bannir les Eccleſiaſtiques les plus éclairez &
les plus pieux, ou les mettre hors d'eſtat de
ſervir l'Egliſe; en un mot c'eſt ruiner en
deux ou trois mois, autant que l'on peut, le
fruit d'un long & penible travail de tout Evêque, quelque Saint qu'il eût eſté, qui n'auroit pas approuvé vos mauvaiſes maximes &
voſtre conduite relâchée. Mais venons au
PRELUDE.

VI.

V I.

Vous dites, *qu'il répond à l'election, & qu'il sera representé par la fable de la pomme d'Or.*

Cette pomme d'or, Mes Peres, est propre à faire souvenir ceux qui ont lû les Poetes, de l'Histoire ou de la fable de ces trois Déesses qui se disputant l'une à l'autre le prix de la beauté s'en remirent au jugement de Paris qui decida en faveur de Venus. La pudeur m'empéche de dire le reste. Elle peut encore servir à rappeller dans l'esprit la prise de Troyes, & ces longues & cruelles guerres qu'Homere & Virgile ont décrites, & dont vôtre Pomme d'or fut la premiere cause.

Mais on ne comprend pas comment-il est possible qu'elle soit l'allegorie d'une election qui fasse honneur à vôtre Prelat, & quelques habiles que vous soyez, Mes Peres, dans la fiction, certainement vous faites naufrage dés le Prelude, & vôtre Héros ne doit point vous sçavoir gré de l'avoir joué d'une maniere qui donne une idée tres desavantageuse de son entrée à l'Archevêché de vôtre Eglise? Car voicy l'application que vous faites ou que vous pensez faire de vôtre fable en sa faveur.

Six Genies dansent, dites vous, *lors qu'une*
Pom-

Pomme d'or tombe du ciel. L'on entend une voix qui prononce diſtinctement ce mot AU PLUS DIGNE.

Dans la fable, c'eſt *à la plus belle*, mais comme cette inſcription ne revenoit point auſujet il a bien fallu changer *plus belle* en *plus digne.* C'eſt donc de quoy il s'agit, de voir ſi vous faites paroître vôtre Héros comme le plus digne de l'Archevêché d'Aix repreſentépar la Pomme d'or. Il faut vous écouter.

Les Genies ſe jettent incontinent ſur la Pomme, chacun tache de s'en ſaiſir. Voilà juſtement ces *loups beants* de vôtre P. de laChaiſe. Mais le Genie du Prelat en eſt-il? Oûy, il en eſt comme les autres, avec cette difference, qu'il *reſtera ſeul* victorieux de la Pomme d'or, au lieu que les autres *s'enfuiront* honteuſement fruſtrez de leur eſperance.

Si c'eſt-là, Mes Peres, eſtre, ſelon vous, *le plus digne,* d'un Archevêché, que *de ſe jetter aprés & de s'en ſaiſir ,* comme voſtre allegorie porte à croire que voſtre Prelat a fait, c'eſt ſelon l'Ecriture & les Peres, s'en rendre tres-indigne quelques belles qualitez qu'on pût avoir d'ailleurs. JESUS-CHRIST, dit l'Apoſtre, *n'a point pris de luy-meſme la qualité glorieuſe de Pontife .... nul ne s'attribuë*

Heb. 5.

à soy-mefme cet honneur, mais il faut y eftre appellé de Dieu comme Aaron.

C'eft ce divin modelle du Fils de Dieu qu'ont toûjours fuivi & imité tous les veritables Pafteurs : Et l'Eglife n'en honore aucun comme Saint, dont elle ne puiffe dire ce qui eft marqué dans le Breviaire de Paris pour le commun des Pontifes :

Ille non vano tenuit tremendam
Spiritu fedem, proprio nec aufu,
Sed facrum juffus Domino vocante
Sumpfit honorem.

Les Saints n'ont pas feulement efté éloignez de cette ambition pour les charges de l'Eglife, qui fait, pour parler conformement à voftre allegorie, que l'on *fe jette aprés qu'on tâche de s'en faifir* & qu'on y court en danfant, c'eft-à-dire dans une difpofition bien contraire à cette crainte & cette frayeur que leur humilité leur a toûjours infpirée, mais ils ont encore marqué quels eftoient fur cela leurs fentimens, & qui felon eux eftoient *les plus dignes* de ces charges.

» Que celuy, dit S. Gregoire, qui a tou- » *Paft*
tes les vertus neceffaires au Sacerdoce, le re- » *l. p*
çoive y eftant contraint, & que celuy qui » *c. 9*
ne les a pas ne le reçoive pas quand mefme »
on l'y voudroit contraindre. »

B

Le

Le Concile tenu à Aix en 816. s'est
servi de ces paroles de ce Saint Pape pour éta-
blir la neceſſité de la vocation contre les Ec-
clefiaſtiques ambitieux , & qui s'ingerent
d'eux meſmes dans les charges.

Il s'eſt ſervi auſſi de ce paſſage de S. Auguſtin pris de ſon Sermon de la vie commune
des Clercs. ” Je me ſuis ſeparé de ceux qui
” ayment le ſiecle ; mais je ne me ſuis point
” égalé à ceux qui conduiſent les peuples. Je
” n'ay point recherché la premiere place dans
” le feſtin du Seigneur; mais la plus baſſe ; Et
” il luy a plû de me dire , Montez plus haut.”

Ce Saint Docteur dit ailleurs : ” Que les
” honneurs doivent nous chercher ; & que ſi
” nous les cherchons, nous renverſons l'ordre
” & la loy de JESUS-CHRIST qui veut que
nous choiſiſſions la derniere place :” *Honor te
quærere debet non ipſum tu.* Qu'auroit-il dit,
Mes Peres , de voſtre Heros , qui loin d'attendre que l'Achevefché d'Aix le vinſt chercher , le pourſuit luy-meſme en cadence , ſelon l'idée que vous donnez de luy , & taſche
de s'en ſaiſir ? En verité vous ne luy faites
gueres d'honneur :” Car il eſt toûjours hon-
” teux , dit encore S. Auguſtin, de deſirer les
” dignitez de l'Egliſe , quand on s'y gouver-
” neroit comme il faut...... Ce doit eſtre la
cha-

charité & la neceffité qui nous engagent dans ,,
l'action. De forte que fi perfonne ne nous ,,
impofe ce fardeau, il faut vacquer à la re- ,,
cherche & à la contemplation de la verité ; & ,,
fi on nous l'impofe, il faut s'y foumettre par ,,
charité & par neceffité.

Une des principales difpofitions que les
Saints ont defirée pour eftre digne de quelque charge Ecclefiaftique eft qu'on s'en efti-
me indigne, & qu'on ait de la peine à fe re-
foudre à l'accepter. C'eft ainfi que S. Jerôme
dit de Nepotien : " Il meritoit d'autant plus *Epitap*
d'eftre élevé au Sacerdoce qu'il refufoit de l'e- *Nepoth*
ftre, & il s'en rendoit d'autant plus digne, ,,
qu'il s'en publioit indigne. Et voicy le con- ,,
feil que S. Bernard donne au Pape Eugene
pour le choix des Evéques & des Prelats.
" Que celuy pour lequel on vous prie, luy ,,
dit-il, vous foit fufpect. Mais quant à celuy ,,
qui vous prie luy-mefme de l'élever à une di- ,,
gnité, il eft déjà condamné. Et il importe ,,
peu qu'il vous prie par foy-mefme ou par un ,,
autre". C'eft dans ce mefme fens que S. Thomas dit, " Que celuy qui prie luy-mefme ,, *2.2.q*
qu'on l'éleve à une dignité qui a charge d'ame, ,, *100.*
s'en rend indigne par fa prefomption, & ,, *1. s.*
qu'ainfi fes prieres font pour un indigne. "

On ne fçauroit trop reprefenter aujour-
B 2   d'huy

d'huy ces belles paroles de deux Empereurs „ Leon & Anthéme : ” Un Ecclesiastique, di- „ sent-ils, doit estre tellement éloigné de bri- „ guer & de poursuivre cette dignité (ils par- „ lent de l'Episcopat) qu'il faut le chercher „ pour l'y contraindre , & qu'estant prié & „ convié de l'accepter, il doit se retirer, & s'en- „ fuïr en sorte qu'il ne se rende qu'à une ne- „ cessité absoluë qui l'excuse devant Dieu. Car „ dans la verité tout homme est indigne du Sa- „ cerdoce, s'il n'est consacré malgré luy & con- tre sa volonté. ”

Le Prelude de vostre Ballet, Mes Peres, ne s'accorde gueres avec ces Regles saintes qui sont celles de l'Eglise. Là vous y faites paroistre *des Genies qui se jettent incontinent sur la Pomme*, qui represente une des plus grandes Dignitez Ecclesiastiques; Vous dites, que *châcun tasche de s'en saisir, qu'ils ne peuvent s'accorder entre eux*; mais qu'enfin le *seul Genie de vostre Heros demeure, & que les autres s'enfuïent* ; Icy l'on est indigne de l'Episcopat, si on ne s'enfuit, si on ne resiste & si on ne se laisse faire violence pour l'accepter. C'est ainsi qu'en ont usé les Saints Evéques. Lisez, Mes Peres, au lieu de vos Fables des Payens, l'Histoire de l'Eglise. Vous y trou- verez des Heros , mais un peu differents du

vostre

voftre , qui fe cachent , qui s'enfuïent lors
qu'on les veut faire Evéques , qui refiftent ,
& qui mettent tout en œuvre pour s'éloigner
de cette dignité, qui difent des injures , &
qui veulent méme frapper ceux qui les ont ordonnez malgré eux & à leur infçû , & qui ne
fe foumettent enfin au fardeau qu'on leur impofe que dans la crainte de bleffer la charité
par une plus longue refiftance.

Ils n'ont pas tous eu à la verité la mefme
conduite à l'exterieur, mais les fentimens de
leur cœur ont toûjours efté les mémes. Ils
fe font tous crû indignes de ces dignitez, &
ont eû de l'horreur d'en faire la moindre recherche. Et ne croyez pas , mes Peres, que
ces veritez ne foient que pour les Heros de
l'antiquité, l'ambition n'a jamais efté la voye
legitime pour monter à l'Epifcopat, & ne la
fera jamais. Elle eft la plus large , je vous l'a-
voûe , & la plus frequentée , mais Dieu a
neanmoins fes Serviteurs dans tous les temps
qui ne fléchiffent point le genou devant l'Ido-
le de l'ambition , qui vont aux honneurs
par la voye de l'humilité , & qui s'y trouvent
élevez fans qu'ils les ayent recherchées. La
Divine Providence nous en donne un exemple dans la perfonne de Meffire Eftienne le
Camus Evéque de Grenoble, qui vieut d'e-

B 3

ftre

ſtre élevé à la Pourpre ſans qu'on puiſſe dire qu'il ait fait la moindre brigue pour cela, ni la moindre recherche, ſans qu'il ait eſté nommé, ni recommandé par aucune Puiſſance ; En un mot par ſon ſeul merite, & par la bonne odeur de ſa pieté & de ſa ſcience. Exemple qui fait voir, & dans ſa Sainteté qui a choiſi un ſi digne Sujet, un parfait diſcernement, & un amour pour l'Egliſe éloigné de tout intereſt & de toute conſideration humaine ; Et dans ſa Majeſté qui a applaudi à ce choix, auquel il paroiſt qu'elle n'a point eu de part, une des marques les plus ſolides, ſelon S. Paul, de la charité Chrétienne, qui eſt de ſe rejoüir du vray bien.

Voilà, Mes Peres, un Héros de nos jours qui ne reſſemble gueres à celuy de vôtre fable. Le premier eſt fait Cardinal ſans qu'il y ſonge, ſans qu'il s'y attende. La nouvelle qu'on luy en porte le ſurprend, il ne l'accepte point d'abord, il demande du temps pour ſe reſoudre. Il conſulte la volonté de Dieu, il fait demander quelle eſt celle de ſon Souverain, & aprés avoir vû que tout s'accorde à le faire monter plus haut, il ſe fait un devoir d'obeïr à un ordre ſi exprés & ſi legitime.

Vôtre Héros au contraire ne ſuit que des
mou-

mouvemens honteux d'une ambition grof-
fiere. Vous avez eu fi peu de foin de menager fa reputation, que vous ne luy faites garder aucun dehors de bienfeance. Il fe jette
aprés la dignité qu'il pourfuit, il fait fes
efforts pour l'emporter, il entre en querelle
avec ceux qui la luy difputent. En un mot
pour honorer fa reception, non feulement
vous deshonorez fa perfonne, mais vous
donnez lieu par vos fades allegories, à faire
des reflexions qui ne luy font nullement
avantageufes.

V I I.

Enfin, Mes Peres, fi on vouloit appro-
fondir les chofes, peut-étre trouveroit on
que celuy que vous avez reçû d'une maniere
fi payenne comme Archevêque d'Aix, n'eft
encore à prefent qu'Evêque de Lavaur. En
effet qui a diffout ce mariage fpirituel que
M. de la Berchere avoit contracté avec cette
Eglife? Quelle neceffité preffante ou quelle
utilité publique de l'Eglife, qui font les feules
raifons legitimes, felon tous les Canoniftes,
de paffer d'une Eglife à une autre, luy a fait
quitter l'Evêché de Lavaur pour prendre
l'Archevêché d'Aix? Quelle autorité legitime
y eft intervenuë? Quelle violence luy a-t-on
faite pour l'y contraindre? Vôtre Ballet al-

le-

legorique, Mes Peres, ne nous faifant voir que de l'empreffemement de fon cofté, fi on s'en tient là, n'a-t-on pas fujet de croire qu'il n'a efté pouffé à faire ce changement d'un petit Evefché à un Archevefché confiderable, que par un efprit d'avarice & d'ambition. *Apparet eos*, dit le Concile de Sardique, *avaritiæ ardore inflammari & ambitioni fervire, & ut dominationem agant.* Et fur quel fondement le Concile appuye-t-il fa conjecture? C'eft, dit-il, que les Evefques ne paffent jamais d'un grand Evefché à un moindre : *Cum nullus inventus fit Epifcopus qui de majore civitate ad minorem tranfiret.* Ainfi à confiderer fimplement ce paffage de l'Evefché de Lavaur à l'Archevefché d'Aix, on a lieu de conjecturer qu'il n'a eu pour motif que l'avarice & l'ambition. Mais à en juger par l'idée que nous en donne le ballet allegorique, on ne fçauroit douter que ce ne foit une ambition demefurée qui luy ait fait méprifer fa premiere Epoufe pauvre, mais chafte pour joüir des embraffemens d'une autre plus riche, mais illegitime, felon l'expref-*ad* fion de S. Jerome, *ne virginalis paupercula focietate contempta, ditioris adultera quærat* 2. *amplexus*; Ce qu'Hincmar affure que les Conciles n'eftiment pas eftre un moindre mal

mal que la reiteration du baptême ou de l'or-
dination. *Sed & colligendum est*, dit-il,
quam grande scelus sit hujusmodi translatio,
(qui se fait sans un besoin pressant ou une
utilité publique de l'Eglise) *quæ rebaptiza-
tioni & reordinationi comparanda conjun-
gitur.*

Mais ce n'est pas le seul défaut de cause legitime qui se rencontre dans la Translation
qui fait le sujet de vôtre feste. Celuy de l'autorité Ecclesiastique ne la rend pas moins
vitieuse ni moins illegitime. Cette autorité
a varié selon les temps & selon les lieux. C'é-
toit autrefois au Concile Provincial à examiner les causes des Translations de sa Province, & à relâcher les Canons qui les défendent.
C'est maintenant au Pape privativement à
tout autre que cela appartient : Et tout le
monde convient, que l'on ne doit avoir aucun égard à une Translation faite sans son
autorité. Or voftre ballet, Mes Peres, ne
nous dit point que cette autorité soit intervenuë en aucune maniere : Et en effet on sçait
bien qu'elle n'y est point intervenuë. Qui
vous a donc donné droit de recevoir M.
l'Evefque de Lavaur comme Archevesque
d'Aix ? Direz vous que c'est affez que le Roy
l'ait nommé à cet Archevesché ? Mais le Roy

B 5

luy

luy a-t-il donné en le nommant le Titre Ecclefiaftique fans quoy il ne peut eftre Archévéque? Le Roy l'a-t-il pû affranchir des liens qu'il a contractez avec l'Eglife de Lavaur fa premiere & legitime Epoufe? Mais peut-eftre que le Chapitre d'Aix a remedié à tout en luy remettant fon autorité. Il eft vray que c'eft par là que les Evéques nommez qui font aujourd'huy en tres-grand nombre en France pretendent avoir droit de gouverner leur Diocefe. Mais c'eft ce qui eft difficile d'accorder avec les Regles de l'Eglife & avec la Jurifprudence qui eft maintenant en ufage. On ne comprend pas que des Chanoines affemblez puiffent donner l'authorité de gouverner leur Diocefe à un Evêque qui n'eft pas encore déchargé du foin qu'il eft obligé de prendre du fien. Et quand ils le pourroient, Mes Peres, ce ne feroit qu'en luy conferant le titre de Grand Vicaire, & non celuy de Monseigneur l'Archeveque d'Aix que vous donnez à voftre Heros au frontifpice de voftre Ballet.

Je n'ay pas befoin, Mes Peres, d'examiner la 3. condition d'une legitime tranflation, qui eft qu'elle ne fe faffe que par obeïffance, & l'Evêque y eftant comme forcé, *maxima exhortatione*, dit le Canon Apoftoſtolique. Voſtre Ballet nous fait aſſez entendre que s'il y a eu de la violence ce n'a été que pour emporter la pomme allegorique qui eſt demeurée à voſtre Heros. Ainſi de quelque côté qu'on enviſage, en ſuivant l'allegorie de vôtre Ballet, cette pretendue tranſlation de Lavaur à Aix, on n'y trouve que des defauts eſſentiels pour leſquels, ſelon l'ancienne diſcipline de l'Egliſe, voſtre Heros n'auroit pas dû ſeulement eſtre renvoyé *Leo. Epiſt.* avec confuſion à ſon Epouſe qu'il a quittée *84. c. 8.* ſans raiſon, mais même en eſtre privé comme s'en eſtant rendu indigne par l'ambition qu'il a euë, ſelon vous, pour une plus riche & plus conſiderable. Je ne ſçay pas ce que ſa Sainteté chargée du ſoin de faire obſerver les Canons fera en cette rencontre. L'exemple du Pape Hilaire qui ſuivant la reſolution d'un Concile tenu à Rome caſſa la tranſlation d'Irenée à Barcelone quoyque faite par les Evêques de la Province de Tarracone, fait aſſez voir ce qu'il peut faire dans cette occaſion où le Ballet des R. R. Peres Jeſuites monſtre qu'il a encore plus de ſujet d'eſtre offenſé d'une tranſlation qui s'eſt faite ſans ſon intervention qui eſt maintenant indiſpenſable, que le Pape Hilaire n'en avoit *Thomaſſ.* de l'eſtre de celle d'Irenée qui avoit eſté faite *p 1. l. 2. c. 24.*

par

par les Evêques d'une Province. Ce n'est pas que sur le pied où en sont aujourd'huy les choses, il ne soit difficile que sa Sainteté en fasse éclatter son juste ressentiment avec fruit; mais le Heros n'en sera que plus à plaindre, & les gens de bien, Mes Peres, au lieu de prendre part à la joye profane de vostre ridicule Ballet, gemiront de voir *un homme* qui selon l'expression de l'Ecriture, *abandonne son propre lieu, & devient comme un oiseau qui quittant son nid*, court risque d'estre foulé aux piede des passans.

Mais laissons là ces Matieres odieuses qui ne sont bonnes qu'a troubler les divertissemens de nostre Prelude.

V I I I.

Je l'ay quitté, Mes Peres, à l'endroit où vos genies *ne pouvant s'accorder entre eux, prient le Dieu qui a fait naistre le differend de venir le terminer.*

Ce Dieu que vos Genies invoquent, ne peut estre que *Jupiter* qui a paru à l'Ouverture du Ballet, élevé au milieu de l'air plein de bonne volonté pour les peuples. On n'en peut douter puis que c'est *Mercure* même qui *declare aux Genies que Jupiter a jetté la pomme, mais qu'il laisse à Apollon le soin de la donner au plus digne.*

Com-

Comme il n'y a en France que le Roy qui donne les Evefchez, on ne peut douter que ce ne foit luy que vous avez voulu defigner par Apollon, à qui Jupiter laifle comme à fon Agent, le foin de donner au plus digne l'Archevefché d'Aix. Il faut par confequent que Mercure foit le R. P. de la Chaife, le perfonnage que l'on fait joüer à ce faux Dieu ne pouvant convenir qu'à fa Reverence. Car qu'eft-ce que *Mercure prenant la Pomme d'or pour la remettre entre les mains d'Apollon ?* finon le P. de la Chaife qui avertit le Roy que le Siege Archiepifcopal d'Aix étant vacquant, il eft à propos de le remplir, & qui luy donne en mefme temps les noms de tous ceux qui luy ont fait fçavoir qu'ils y pretendoient. C'eft la coûtume que les Peres Confeffeurs ont introduite depuis quelque temps, que d'autres plus fcrupuleux qu'eux ne jugeroient peut-eftre pas fort Canonique.

Ce mefme *Mercure*, dites-vous, *promet aux Genies de les avertir lors que le Juge que Jupiter a determiné voudra decider le diffe-rend.* Afin fans doute que châcun de ces Genies s'applique avec plus de foin à faire valoir fes pretentions, lors qu'on fera fur le point de juger à qui on donnera la Pomme d'or qu'ils recherchent tous avec tant d'empref-
fe-

fement. Cette promeffe de Mercure nous reprefente encore fort bien le perfonnage que
fait le P. de la Chaife, lors qu'il donne de
bonnes paroles à ces *Loups beants*, qui luy
font la Cour pour obtenir des Benefices par
fon entremife.

Cependant *le Genie de la Ville d'Aix ayant
appris ce qui s'eft paffé, fuivi de la Religion
& de la Pieté vient fupplier Apollon de faire un
choix qui luy foit avantageux.*

Ce feroit, mes Peres ce qu'il y auroit de
plus raifonnable dans voftre Ballet, fi la Religion & la Picté que vous faites preceder par
un Genie pouvoient eftre prifes pour quelque chofe de Chreftien; mais ce qui fait que
l'on ne le peut, c'eft qu'un moment aprés
vous les faites danfer. Or ni la Religion ni
la Pieté Chrétienne ne danfent pas, & quand
il leur prendroit envie de le faire, ce ne feroit pas dans une compagnie auffi mal affor-
tie que celle de voftre Ballet. Je doute auffi
que ces deux Vertus euffent efté *contentes,*
comme vous le dites, *du caraĉtere qu'Apollon
fait du Heros.* Car à l'examiner par les regles de l'une & de l'autre, comme nous allons
faire, il ne femble pas qu'il foit fort digne
d'un Prelat Chrétien.

IX.

I X.

Saint Paul nous a laiſſé en divers lieux de ſes Epîtres un excellent portrait de toutes les qualitez d'un Evêque , & il ſemble que l'Egliſe de Paris les ait voulu ramaſſer toutes dans ce ſeul verſet d'un Hymne qu'elle chante à l'honneur des Saints Pontifes :

Fit Gregis Paſtor , Pater, atque forma
Lætus impendit ſua , ſeque , ſervus
Omnium , curis gravis , omnibuſque
                          Omnia factus.

Voilà , Mes Peres , ce qu'on a toûjours regardé comme devant eſtre le caractere de tous les Evêques. Voyons ſi celuy que vous faites de voſtre Heros luy reſſemble :

Le Caractere du Prelat, dites vous dans le Corps du Ballet, *eſt une repreſenta-tion des vertus qui eclatent le plus dans luy. Hercule repreſente le zele ardent dont il eſt animé. Orphée cette douceur charmante qui luy attire le cœur de tout le monde. Eſculape ſera le ſimbole de la charité. Argus de la vigi-lance. Apollon le Dieu des ſçavant paroiſtra ſur la Scene pour repreſenter ſa profonde ſcience.*

A ce compte là , Mes Peres , ni la cha-
                        ſteté,

fteté, ni l'humilité, ni l'amour de Dieu, ne font point des vertus qui éclatent le plus dans voftre Heros, puis que vous ne les avez pas fait entrer dans fon caractere. Elles ne fe trouvent pas même en luy dans aucun degré, s'il eft vrai, comme vous le dites, que vous ayez eu deffein en faifant le caractere du Heros *de reprefenter* TOUTES *fes vertus par ces fymboles clairs, & expreffifs tirez de la fable.* Car il n'y en a aucun qui reprefente ni la chafteté, ni l'humilité, ni l'Amour de Dieu. Cependant S. Paul n'a pas crû que ce fuffent des vertus à eftre oubliées dans le caractere d'un Evêque. Il en fait même le capital comme vous pouvez voir par toutes fes Epiftres. Et JESUS-CHRIST le divin mo-dele de tous les Evêques a fait voir par cette triple interrogation qu'il a faite à S. Pierre pour s'affurer de fon amour, combien cet-te vertu eftoit neceffaire & indifpenfable à tous ceux qui comme luy feroient chargez de fon troupeau. "Ce n'eft pas en vain, dit

Serm 26. in Cant. n. 8.

"S. Bernard, que JESUS-CHRIST confiant le "foin de fes brebis à S. Pierre, il luy a dit "trois fois, m'aimez vous? Et je croy qu'il a "voulu dire en fubftance; fi voftre confcien-"ce ne vous rend ce témoignage que vous "m'aimez, & que vous m'aimez beaucoup &

par-

parfaitement, c'eſt à dire plus que vos inte- „
rets, plus que vos parens & plus que vous „
mêmes, afin d'accomplir le nombre de cet- „
te triple repetition, ne vous chargez point „
de ce ſoin, & n'entreprennez point de gou- „
verner mes brebis, pour leſquelles j'ay re- „
pandu tout mon ſang. Terrible parole, & „
qui peut émouvoir les cœurs les plus en- „
durcis de ceux qui comme des Tyrans uſur- „
pent les charges Eccleſiaſtiques." Je ſou-
haitte, Mes Peres, que cette verité ne regarde pas voſtre Heros, & que le caractere
ſi defectueux & ſi indigne d'un Evêque que
vous en faites ne ſoit pas moins une fable,
que *la fable* même d'où vous dites *que vous
avez tiré les ſymboles clairs & expreſſifs qui
repreſentent toutes ſes vertus.* Il eſt bon de les
examiner tous l'un aprés l'autre. Nous trou-
verons peut-eſtre qu'ils repreſentent mieux
voſtre Morale & voſtre Genie que les vertus d'un Prelat.

X.

Le zele repreſenté par Hercule, fait le
premier trait du caractere : mais il falloit,
Mes Peres, que vous en fuſſiez bien tranſportez vous-mêmes pour nous faire une ſi
eſtrangere peinture de la Ville ou du Dioceſe d'Aix, en y faiſant regner *l'erreur, la*

*violence, la discorde, l'impieté, la'dissimu-
lation, la calomnie,* afin de donner matiere
à voftre Hercule d'exercer fon zele & d'employer fa maffuë à chaffer ces vices ou à les
terraffer.

On ne fçauroit donner d'autre fens raifonnable à vos paroles : *L'erreur,* dites vous,
*la violence, la difcorde, l'impieté, la diffimu-
lation, la calomnie paroiffent fur la Scene
L'Innocence qui ne prevoit pas une telle rencontre y vient accompagnée de la Paix & de la
Verité. A la vûë de ces ennemis elles prennent
la fuite, & vont fe cacher dans une retraite, où elles font affiegées par les vices, qui les
tirent de là, & les ménent enchainées fur le
Theatre.*

Cette *Scene* & ce *Theatre* ne peut eftre, par
exemple, dans le Diocefe de Grenoble où voftre Heros n'a nulle autorité, ni dans celuy
de Lavaur qu'il a quitté; & le bon fens veut
que ce ne puiffe eftre que le Diocefe d'Aix,
où paroiffent, felon vous, tous les vices fur
la Scene. Mais, mes Peres, n'y a-t-il qu'à
décrier les plus gens de bien par vos fictions
Poëtiques? Croyez-vous qu'un Ballet profane & follement idolâtre foit bien propre
à perfuader au monde que Mr. le Cardinal
Grimaldi ait efté de ces Pafteurs negligens

&

& lasches qui n'ont nul soin de faire la guerre aux vices, & qui au lieu de faire regner
la paix & la verité parmy leurs peuples les
laissent *assieger*, comme vous dites, & *en-
chainer par les vices* ? On sçait, mes Peres,
on sçait que ce pieux Cardinal estoit rempli de zele, mais d'un zele chrétien contre
tous les vices. On sçait combien il a toûjours
esté appliqué à les extirper, & à les combat-
tre non pas *en cadence & à coup de Cestes*
comme vostre Hercule, mais par les armes
spirituelles d'un veritable Evéque, par la Foy,
par la Priere, par la vigilance, la patience,
la charité, le bon exemple, en rétablissant,
autant qu'il pouvoit, la Discipline Ecclesiastique dans l'administration du Sacrement
de Penitence, en ordonnant & formant de
bons Ministres pour seconder son zele & son
travail, & en banissant la doctrine relaschée
de vos Casuistes pour ne faire enseigner à son
Troupeau que la Morale de Jesus-Christ
& des Saints Peres. C'est à quoy a esté occupé toute sa vie ce saint Pasteur. On ne répond pas de ce qui s'est pû faire aprés sa
mort lors que vous avez eû plus de credit
dans le Diocese que vous n'en aviez aupa-
ravant ; peut-estre est-il arrivé quelque des-
ordre que sa presence auroit empesché. En
ef-

effet à peine fut-il allé à Dieu qu'on apprît que presque tous les Clercs & Ecclesiastiques qu'il avoit refusé d'admettre aux ordres ou de recevoir dans son Seminaire, eurent des attestations *de vita & moribus* de l'un des Grands Vicaires *sede vacante*, & que moyennant quatre Pistoles données à un Banquier ils obtinrent une dispense du Vice-Legat d'Avignon pour pouvoir estre ordonnez. Voila, Mes Peres, ce qu'on appelle des desordres dignes du zele d'un veritable Evesque & contre lesquels le Prelat defunct n'auroit pas manqué d'exercer le sien, si l'occasion s'en fut presentée. Aussi sçait-on que Sa Sainteté n'a eu garde d'approuver cette conduite, & que Mr. Cerci nouveau Vice-Legat reçût d'elle avant de partir de Rome les ordres necessaires pour y remedier.

L'on ne pourroit estre qu'édifié du zele de vostre Hercule, Mes Peres, s'il n'avoit pour objet que d'empescher de veritables abus comme celui-là. Mais s'il combat dans vostre Ballet contre des desordres chimeriques, on sçait qu'il en introduit dans son Seminaire de tres-réels & tres-dangereux. Car n'est-ce pas ce qu'il a fait depuis peu en arrachant des mains d'un fort homme de bien qui en est Directeur *la Theologie Morale de Gre-*

Grenoble qu'il enseignoit aux jeunes Semi-minaristes, & lui ordonnant de suivre Abelly.

Cette échange ne peut que causer de l'indignation à tous ceux qui connoissent le prix & le merite de ces deux livres. Le premier est une Theologie Morale tres-pure & tres-solide, dont toutes les decisions sont prises des meilleures sources, c'est à dire de l'Ecriture Sainte, des Decrets des Conciles & des Papes, des Saints Peres, de S. Thomas & de quelques autres anciens Docteurs de l'écôle qui sont le plus estimez pour leur pieté & leur lumiere. Elle porte le nom & l'approbation d'un des plus Saints & des plus éclairez Prelats de France que le Pape vient d'élever à la Pourpre par la seule consideration de ses merites. Feu M. le Cardinal Grimaldi a fait aussi tant d'estat de cette Morale qu'il attira M. Genet qui en est l'Auteur dans son Seminaire, afin qu'il l'y enseignât luy même : Et c'est apparemment ce qui l'a fait le plus connoître à Rome. Car on peut croire que l'estime que tous les gens de bien font de ce livre, a esté une des principales causes qui a porté le Pape à le faire depuis peu Evesque de Vaison afin de luy donner moyen de pratiquer avec plus d'autorité les

ex-

excellentes maximes, qu'il a enseignées dans cet ouvrage.

Voilà cependant par où vôtre Hercule à commencé à terrasser *les vices, l'erreur, la violence, la discorde, l'impieté, la dissimulation, la calomnie,* qui avoient vaincu, *l'innocence, la paix & la verité,* & *les menoient enchaisnées sur le Theatre* du Diocese d'Aix. C'est en ne voulant plus qu'on y enseigne une Morale si pure, & si contraire à vos maximes relaschées, mais qu'on y substitue celle de M. Abelly, parce que ce vous sera un grand avantage de ce qu'on y trouve trois des plus méchans de vos principes generaux.

Le 1. renverse la plus certaine regle de la bonne conscience reconnuë par les Payens mêmes qui n'ont pas crû qu'il fût permis de faire une chose que l'on doute si elle est juste ou injuste : *Quod dubites æquum sit an iniquum :* au lieu que vos Casuistes que suit M. Abelly ont introduit dans la morale Chrêtienne cette pernicieuse maxime : Que l'on peut suivre une opinion moins probable & moins sûre en faisant ce qui est peché selon l'opinion contraire qui nous paroist plus probable.

Le 2. Principe reduit à rien le plus grand de tous les commandemens, qui est celuy
qui

qui nous oblige d'aimer Dieu plus que toutes choses, en pretendant qu'il n'eſt point certain, qu'il oblige jamais par luy-méme, mais ſeulement par accident. C'eſt ce qu'enſeigne encore voſtre Mr. Abelly aprés pluſieurs de vos Auteurs. Car n'ayant pû nier qu'il n'y ait un precepte d'aimer Dieu, non ſeulement negatif par lequel il nous ſeroit defendu de rien faire qui ſeroit contraire à cet amour, mais auſſi affirmatif qui nous oblige à l'aimer par un acte interieur, il demande en quel temps ce precepte oblige. Et il ne marque qu'un ſeul cas dans lequel il ſoit certain qu'on ſoit obligé d'aimer Dieu plus que toutes choſes, qui eſt quand on doit faire un acte de Contrition pour ſe reconcilier avec Dieu, ce qu'il nous apprend qui n'arrive, que lors qu'on n'a pas de Confeſſeur. Il dit auſſi que ſelon quelques Theologiens on eſt obligé de faire un acte d'amour de Dieu quand on commence à avoir l'uſage de la raiſon. Mais quoy que cela luy paroiſſe probable, il pretend que l'on ſe met à couvert de cette obligation en ſoûſcrivant à l'opinion contraire. D'où il s'enſuit que ſelon cette moëlleuſe Theologie, il n'eſt pas certain qu'un Chreſtien qui auroit vêcu 80. ans & qui auroit commis beaucoup de crimes pendant

cette

Ib cap. 4.
ſect. 1.
§. 3.

cette longue vie, ne fût pas sauvé sans avoir jamais aimé Dieu de cet amour qui nous eſt commandé par ce precepte, *Diliges Dominum Deum tuum ex toto corde tuo*, dont Jesus-Christ, dit, *Hoc eſt maximum & primum mandatum*, parce qu'il n'aura point manqué de Confeſſeur à qui il auroit confeſſé tous ſes pechez par la crainte d'eſtre damné, quand il aura eu beſoin de ſe reconcilier avec Dieu.

Le 3. Principe eſt directement oppoſé au ſoin qu'a pris Mr. le Cardinal Grimaldi, de faire obſerver les Regles de S. Charles dans le Sacrement de Penitence, en marquant un grand nombre de cas dans leſquels les Confeſſeurs doivent ou refuſer, ou differer l'abſolution. Car ils pourront ſans ſcrupule abſoudre toûjours ceux dont la vie eſt une viciſſitude continuelle de Confeſſions & de crimes, ſi on s'en tient, comme fait voſtre *De Sacram. pænit. ſect. 19.* Mr. Abelly, à la doctrine de Navarre dans le chap. 3. de ſon Manuel, qui paſſe ſur ce ſujet dans des excés horribles, quoy qu'il ſoit ordinairement aſſez raiſonnable ſur d'autres matieres.

On voit par là que cet Auteur peut eſtre à voſtre goût, & que c'eſt apparemment par voſtre conſeil que l'on a voulu le faire enſeigner dans le Seminaire d'Aix. Mais on

dit

dit que celuy qui en est Directeur, ne s'y est pû resoudre, & qu'il a demandé la permission de dicter des écrits. Je ne sçay pas s'il l'a obtenuë.

Voilà, Mes Peres, un échantillon du zele de vôstre Hercule. On n'est pas étonné que les vertus *dansantes* s'en réjoüissent chez vous. Mais on a tout lieu de croire que ceux qui n'en connoissent que de plus serieuses & de plus Chrestiennes, s'en affligeront & en gemiront devant Dieu.

X I.

Orphée par la douceur de son Luth appaise insensiblement trois hommes transportez de colere, & fait le second trait du caractere du Prelat.

Il semble, Mes Peres, que vous ayez oublié icy la promesse que vous avez faite *de representer les vertus de vostre Héros par des Symboles clairs & expressifs tirez de la fable.* Car rien n'est plus obscur que la liaison qu'on devroit trouver entre les effets que vous attribuez au Luth d'Orphée, & la douceur d'un Evêque que vous vous estes engagé de representer. Trouvez-vous par exemple que ce que vous dites, que *trois furies sorties de l'enfer poursuivent une ombre. Qu'Orphée commence a joüer du Luth; qu'au mesme in-*

C

stant

ſtant elles paroiſſent toutes changées, & danſent avec l'ombre qu'elles pourſuivent, ſoit *un Symbole bien clair & bien expreſſif de la douceur d'un Evêque ?* Il faudroit pour cela que voſtre Héros pût par ſa douceur changer les furies de l'enfer ; c'eſt-à-dire les Démons, ou convertir les damnez, ce qui eſt une hereſie que vous n'oſeriez ſoûtenir. De plus, *des furies de l'enfer qui danſent au Luth d'Orphée* ſont pluſtoſt *le Symbole* d'un Sabbath de Sorcieres que de quelque choſe de Chrêtien.

Des vents qui s'arreſtent au milieu de la plaine pour entendre les concerts…. Les foreſts, les rochers, les montagnes qui treſſaillent, & qui ſuivent Orphée en cadence par tout où il va ſont des fictions trop outrées & trop éloignées de la vray-ſemblance pour ſervir d'allegorie, ou pour eſtre au moins *des Symboles clairs & expreſſifs* de quelque choſe de réel.

Mais *des Bergers qui abandonnent leurs troupeaux pour ſuivre Orphée & danſer aprés luy. Des Matelots qui viennent du fond de la mer & qui ne rentrent dans leur barque qu'aprés avoir danſé,* peuvent-ils eſtre des Symboles d'une vertu qui ne pouvant enſeigner aux hommes qu'à s'acquitter de leur devoir, ne pourroit que condamner ces Paſteurs Mercenaires & ces Matelots inſidéles, qui abandondonnent pour danſer, les uns leurs troupeaux, les autres leurs barques.

En verité, Mes Peres, il paroiſt que vous n'avez ſeulement pas l'Idée de la douceur Chreſtienne & que vous ignorez en quoy elle conſiſte. Sçachez donc que la douceur naiſt de l'humilité interieure du cœur qui fait qu'on ne s'offenſe pas facilement des foibleſſes des autres dont on ſe reconnoiſt capable. "Car, commme dit S. Bernard, ainſi" que l'enflure du cœur eſt la mere de la preſomption, de meſme la veritable douceur ne procede que de la vraye humilité." Ce ſont deux vertus que Jesus-Christ a rendu luy-meſme comme inſeparables : *Apprenez de moy*, dit-il, *que je ſuis doux & humble de cœur.* "C'eſt une double petiteſſe que l'humilité & la douceur, dit encore S. Bernard, mais l'une & l'autre de ces vertus eſt neanmoins tres-grande, & pour faire que noſtre ſanctification ſoit parfaite & achevée il faut neceſſairement que nous apprennions du Saint des Saints la douceur & l'humilité."

Ainſi, Mes Peres, n'y ayant aucune ombre d'humilité parmi les Symboles *du Luth d'Orphée*, ils n'ont pû exprimer au plus qu'une fauſſe douceur. Mais que voulez vous ? L'humilité n'eſt pas la vertu de la Compagnie,

Serm.
de
Ving.
Deip.
n. 12.

C 2

Il

Il n'eſt donc pas étrange qu'elle ne ſoit pas auſſi celle de vos Heros.

XII.

Argus ne repreſente pas mieux la vigilance de voſtre Prelat, qu'*Orphée* ſa douceur.

Vous dites que *Quatre Fourbes viennent danſer auprés d'Argus pour l'amuſer*, dans la vuë de luy faire enlever ſes moutons lors qu'il ſera le plus attentif à la danſe. *Argus les découvre par d'autres yeux que ceux qui regardent danſer*.

Pour faire paroiſtre voſtre Heros vigilant, vous le repreſentez comme un homme qui aime la danſe, & qui la regarde avec attention, ce qui n'eſt pas moins indigne d'un Evéque que le defaut, que vous voulez éloigner de ſon caractere.

Ces yeux doubles que vous luy donnez, & dont les uns ſervent à regarder danſer & les autres à veiller ſont peut-eſtre *le Symbole* de cette *direction d'intention* ſi celebre dans voſtre Morale qui fait qu'on peut, ſelon vous, prendre part exterieurement à une choſe defenduë, pourvû que par d'autres yeux on ſe porte interieurement à un objet permis. Ce Symbole nous repreſente peut-eſtre encore, que voſtre Heros ſçait le ſecret d'aller au bal & à la comedie ſans en eſtre moins vigilant fur fon Troupeau : fecret ignoré jufques à cette heure par tous les Saints Evêques.

Un mauvais Genie pour le mefme deffein tâche de l'endormir par une chanfon extremement languiffante, il n'en vient pas à bout. C'eft peut-eftre, qu'elle eftoit *languiffante* dans le mefine fens que l'on dit : Qu'un difcours eft languiffant, lors qu'il eft froid & n'a rien de vif. Mais fi ç'avoit efté une chanfon de l'Opera, la vigilance du Prelat auroit couru rifque de fuccomber. Car fi elle ne l'euft pas endormi, elle luy euft, peut-eftre, tellement rempli l'efprit de quelque folle paffion, qu'il auroit efté facile au mauvais Genie de luy enlever fes Troupeaux.

Le Sommeil par la vertu de fes Pavots ne l'endort pas tout-à-fait, *mais peu s'en faut qu'il ne luy ait affoupi tous les yeux.* Un homme prefque affoupi n'eft gueres different d'un homme endormi pour ce qui eft de s'acquitter de fon devoir ; Et on n'eft pas trop propre en cet eftat de reprefenter la vigilance d'un Heros qui devoit eftre heroïque.

Mais *enfin Mercure joûé fi long-temps de la flute auprés de luy qu'il l'endort, & luy enleve fes Troupeaux.* C'eft à dire, mes Peres, que ce que quelques divertiffemens n'ont pas fait ; ce que le fommeil n'a fait qu'à demi, l'intereft dont Mercure eft le Symbole vient l'achever par fa flute.

Si c'eft ainfi, Mes Peres, que vous honorez les Héros de vos fables, c'eft juftement fur le contrepied que les Saints ont honorez les leurs. Ecoutez ce que S. Bernard dit d'un fçavant Evefque de fon temps Gilbert Evefque de Londres, "La pureté & le definter-
,, reffement de voftre conduite, luy dit-il, a
,, repandu par tout une grande & douce odeur
,, de pieté & d'edification. L'avarice eft éteinte
,, qui ne s'en réjoüira ? La charité regne qui
,, n'en fera pas ravi ? Tout le monde connoift
,, maintenant que vous eftes du nombre des
,, vrais fages puis que vous avez terraffé le plus
,, grand ennemy de la fageffe. " C'eft à cet ennemy, Mes Peres, que vous faites fuccomber *le Symbole clair & expreffif* de la vigilance de voftre Heros. Ainfi on court grand rifque de ne jamais dire à fa loüange ce que le même Pere dit à l'honneur de S. Malachie, "Qu'il
,, n'avoit pas feulement efté amateur de la pau-
,, vreté, mais qu'il en avoit efté le chef & le
,, Prince, ayant voulu quitter fon Siege Archie-
,, pifcopal qui eftoit riche pour retourner à fa
,, premiere & à fa chere Epoufe qui eftoit pau-
,, vre. "

Au

Au reste *Argus s'éveille en sursaut hon-*
teux de s'estre laissé endormir ; il s'excuse au-
prés du Héros de ce qu'il a si mal representé son
extrême vigilance.

Je trouve, Mes Peres, qu'il est encore
plus honteux pour vostre Héros & pour vous
mesme, d'avoir choisi dans toute la fable un
Symbole si peu propre à representer *une ex-*
trême vigilance. Car n'est-ce pas comme si
on choisissoit une fille qui se seroit laissé cor-
rompre pour estre *le Symbole clair & expressif*
de la virginité ?

Mais il est aisé d'en deviner le mystere.
C'est, Mes Peres, que vous n'estes pas
d'humeur à n'estimer que les Vertus qui sont
uniformes & perseverantes. Vous vous ac-
commodez mieux de celles qui s'éclipsent
quelquefois & mesme assez souvent, pourvû
qu'on ne manque pas de faire quelque com-
pliment d'excuse, comme fait l'Argus dans
vostre Ballet ; c'est-à-dire, pourvû qu'on
aille chez vous *toties quoties* demander l'Ab-
solution, que vous estes toûjours prests de
donner suivant la Maxime de vostre P. Bau-
ny, *qu'on ne doit ni refuser, ni differer l'Ab-*
solution à ceux qui tombent & retombent dans
des crimes contre la Loy de Dieu & de la Nature,
quoy qu'il n'y paroisse aucune esperance d'amen-

de-

dement. Il est vray que c'est une des 65. Propositions condamnées par le Pape. Mais ce que l'on me mande estre arrivé depuis peu à Toulon fait bien voir que cela ne vous arreste pas. Car on dit que soustenant dans une These quelqu'une de ces Propositions condamnées, sur ce qu'un des Disputans objecta le Decret de Sa Sainteté, vostre President répondit gravement, Que le Pape n'y avoit pas parlé *ex Cathedra.*

XIII.

La Charité qui doit faire le quatriéme trait du caractere du Heros, n'a rien qui la fasse reconnoistre sous le Symbole *d'Esculape, si fameux,* dites vous, *pour ses guerisons merveilleuses.* Vous n'en retranchez pas seulement la partie la plus noble, la plus parfaite, & la plus essentielle qui est l'Amour de Dieu sans lequel la charité ne peut estre une vertu chrétienne ; mais vous donnez à l'amour du prochain qui est le seul qui reste sous vostre Symbole fabuleux, des bornes si étroites & si resserrez, qu'il est plus propre à representer un Chirurgien de village ou un Saltinbanque, que la charité d'un Prelat de l'Eglise. Car que faites-vous paroistre sur le Theatre pour estre l'objet de la charité de vostre Esculape ? *Six infirmes, boiteux, aveugles, ou*

estro-

eſtropiez qui ſont gueris , dites-vous , *& qui prennent une nouvelle vigueur pour danſer à l'honneur de celuy de qui ils ont reçeu un ſi bon office.*

On pourroit peut-eſtre penſer que ces ſix infirmes ſont autant de Symboles d'infirmes ſpirituels : Et cela ſeroit alors plus ſupportable pour repreſenter la charité d'un Evéque ; mais ce que vous dites enſuite empeſche qu'on n'y donne ce ſens.

Deux Yvrognes & aprés eux Polypheme viendront demander d'eſtre gueris. Eſculape les rejettira parce que dans celuy-cy, le mal qu'il ſouffre eſt une juſte punition de ſes crimes, & dans les autres, c'eſt un effet de leurs dereglemens.

La fonction de voſtre Eſculape n'eſt donc pas de guerir les maladies de l'ame. Car à l'égard de celles-là , rien ne ſeroit plus mal à propos que de dire : Je ne m'appliqueray pas à vous guerir quelque priere que vous m'en faſſiez , *parce que voſtre maladie vient de voſtre déreglement.* Il eſt vray, luy repliqueroit le malade , mais c'eſt pour cela méme que je m'addreſſe à vous, afin que vous me donniez moyen de ſortir de mon dereglement, en m'appliquant les remedes de la Medecine ſpirituelle que Jesus-Christ eſt

est venu apporter au monde. Car c'est de mon ame que je vous demande la guerison, & elle n'auroit pas besoin d'estre guerie si elle n'estoit déreglée. Si cela n'estoit vray, il auroit fallu que l'Enfant prodigue eust esté rejetté par son Pere, parce que l'estat miserable, où il se trouvoit, ne venoit que de son dereglement.

Il est donc clair que la conduite que vous faites tenir à vôtre Heros en qualité d'Esculape ne monstre point qu'il s'appliquera à la guerison des ames malades, mais au plus à celle des corps. Et ainsi ce que vous ajoûtez, n'est gueres à propos. *Cela peut*, dites-vous, *nous representer que nostre incomparable Prelat sçait distinguer les personnes aux quelles il est à propos de faire du bien.*

Cela represente au contraire que vostre incomparable Prelat ne sçait ce que c'est que le devoir d'un Evesque & d'un Pasteur. Car est-ce pour guerir les maladies du corps ou les vices de l'ame qu'il porte le nom & la qualité de Medecin? Est-ce pour la santé du corps ou pour le salut de son peuple qu'un Evesque est obligé de sacrifier son bien, ses soins, ses affections, ses pensées, & sa propre vie? Si les Evesques sont *les Vicaires de l'amour de* JESUS-CHRIST, comme dit

S.

S. Ambroife, ne doivent-ils point témoigner envers leurs brebis le même amour qu'il
a témoigné pour elles? Car comme dit tres-
bien S. Bernard, " Comment Jesus-Christ
pourroit-il confier des brebis qu'il a tant ai-
mées à un homme qui n'auroit point d'a- "
mour pour elles ? " Or Jesus-Christ ne "
s'eft il appliqué qu'à guerir les maladies du
corps ? N'a-t-il pas fait au contraire des maladies de l'ame le principal objet de fon application ? Et n'eft ce pas même à cela qu'il
a toûjours rapporté toutes les guerifons mi-
raculeufes qu'il faifoit des corps ? D'où vient
donc que voftre Héros ne veut point entreprendre de guerir les vices de l'ame ? N'eft-ce
pas, Mes Peres, que vous voulez qu'il
vous reffemble, & " que craignant de perdre auffibien que vous, la douceur & la com- "
modité qu'il trouve à eftre aimé, & ne "
voulant pas fe faire des ennemis, & s'en- "
gager dans des fuites fâcheufes qu'attirent "
aprés eux les mécontentemens qu'on donne "
aux hommes, encore que ce foit en faifant "
fa charge & en foûtenant la caufe de Dieu; "
il demeure dans le filence, & diffimule les "
pechez des hommes, de peur qu'en les "
reprennant il ne trouble fa paix en troublant "
celle des autres. " C'eft faint Auguftin qui

par-

parle, Mes Peres, mais il avoit en vûë tous ces Pasteurs qui negligent les besoins des ames quand ils s'appliqueroient, autant que voſtre Esculape, à guerir les maladies corporelles.

X I V.

Dans le corps de voſtre Ballet, Mes Peres, vous promettez qu'*Appollon le Dieu des ſçavans paroiſtra ſur la ſcene pour repreſenter la profonde ſcience de voſtre Héros.* Et voicy ce que vous luy faites faire pour vous acquitter de voſtre promeſſe:

Appollon, dites vous, *élevé au deſſus du Parnaſſe chantera des vers à la loüange du Héros. Les Muſes formeront un chœur de muſique qui luy répondra. Enſuite il deſcendra ſur la terre & danſera au milieu des Muſes.*

Il faut bien ſe garder de ſe ſouvenir que dans le Prelude Apollon a repreſenté la perſonne du Roy, & qu'il doit encore bientôt la reprendre. Car l'idée de Poëte Panegyriſte de voſtre Héros ne convient point du tout à ſa Majeſté & ne luy feroit point honneur. L'on ne doit donc conſiderer icy dans Apollon que ſa qualité *de ſymbole clair & expreſſif de la profonde ſcience du Héros.* Or on ne voit pas, Mes Peres, comment peuvent revenir à cela, ni *des vers chantez à ſa*

loüan-

loüange, ni *des Muses qui y répondent en mu-*
sique, ni *Apollon dansant au milieu d'elles.*
Il faudroit pour y trouver quelque rapport,
que la profonde science de vostre Héros, se
reduisit à bien sçavoir la musique, à faire
des vers, & à bien danser.

Mais ce n'est nullement en cela que consi-
ste *la profonde science* d'un Evêque. C'est, dit
S. Paul à *estre fortement attaché à la parole de*
verité, c'est à dire à l'Ecriture & à la Tradition
qui comprennent toute la doctrine de l'Eglise, *telle qu'on la luy a enseignée*, non dans l'é-
cole de vos Casuistes & de vos Autheurs profanes, mais en meditant l'Ecriture sainte
aux pieds de JESUS-CHRIST, *en s'appliquant*
à la lecture des Conciles & des Peres, *afin*
qu'il soit capable d'exhorter selon la saine Do-
ctrine, & de convaincre ceux qui s'y oppo-
sent ; afin qu'il soit veritablement *une lumiere*
du Monde, un Depositaire & un Juge de
la doctrine de l'Eglise & un parfait obser-
vateur de ses Canons. Comme Apollon,
Mes Peres, n'est pas le Dieu de ces sortes
de sçavans, il n'en pouvoit estre le simbole.

XV.

Cependant les six premiers Genies revien-
dront sçavir qui est celuy d'entre eux qu'Apol-
lon aura choisi. Mercure avoit promis de les
aver-

avertir, mais n'ayant pas de quoy les contenter tous, il aime mieux s'abfenter & ne point paroiftre. *Apollon* qui n'a rien à menager, *ne répondra qu'en prefentant le portrait du Héros.* Nous venons d'en examiner tous les traits. Ils font tellement à ce que vous pretendez, particuliers au Héros, *que les autres Genies n'y reconnoiffant point leur vifage s'enfuiront. Le Genie du Prelat reftera feul.* La retraite fi brufque de ces Genies marque qu'ils font fort mécontens, & peut-eftre ont-ils raifon. On devoit au moins avoir monftré leur portrait pour juger du plus beau, ou du plus digne. Mais comme il n'y a point d'appel du Tribunal d'Apollon, il faut bien qu'ils ayent patience.

XVI.

Vous ne pouviez mieux finir, que par la conclufion la plus *follement idolatre* que l'on puiffe concevoir. La paffion de flatter voftre Héros vous tranfporte de telle forte, qu'elle vous fait oublier qu'il s'agiffoit de rendre des honneurs à un Pontife qui n'eft que le miniftre de Dieu, & non pas le Dieu même qu'on adore: Et c'eft dans cette efpece d'ennyvrement, que vous pouffez la flaterie, jufques à changer fa qualité de Pontife en celle de Dieu. Il ne faut que vous écouter.

Le

Le Genie de la ville, dites-vous, *viendra accompagné de divers ages, de differens estats, & des beaux arts.* Il les exhortera à signaler leur zele pour honorer le Héros. Les arts luy dresse-ront un temple. L'Architecte y travaillera des colomnes, le sculpteur taillera une statue, & le Peintre tracera un tableau. ON PLACERA DANS LE TEMPLE LE GENIE DU PRELAT, *aux pieds de qui Hercule vient quitter sa mas-suë, Orphée sa Lyre, Argus sa Baguette, & Esculape son serpent.*

Voilà donc vostre Héros devenu Dieu, & du nombre de ces Dieux que les Romains appelloient *Majorum Gentium,* c'est à dire du premier ordre, puis que ceux du second ordre, *Hercule, Orphée, Argus, Esculape,* luy viennent faire hommage en mettant cha-cun à ses pieds le Symbole de sa divinité. Vous pouviez encore faire qu'Apollon luy mît sur la teste sa couronne de laurier. Est-ce que vous l'avez oublié ? ou que vous avez appre-hendé de n'en estre pas avoüez ?

Il ne vous restoit plus pour recüeillir le fruit de vos rares inventions, que de les faire publier par la Renommée. Et c'est à quoi vous ne manquez pas. *La Renommée,* dites vous, *partira pour aller annoncer par toute la terre, la joye de la ville, le merite du Héros, & les*

hon-

honneurs qu'on luy a rendus. Il en fera quelque chofe. Cette prophane *apotheofe* & tout ce qui l'a precedée font d'un genre de folie affez fingulier, pour eftre publiez par la Renommée fi non par toute la terre, au moins en beaucoup de lieux. Mais ne doutez point qu'elle ne publie auffi les charitables Avis que l'on vous donne, pour vous porter à rentrer en vous mêmes, & à reparer le fcandale que vos Proceffions & vos Ballets caufent à l'Eglife.

F I N.

www.ingramcontent.com/pod-product-compliance
Ingram Content Group UK Ltd.
Pitfield, Milton Keynes, MK11 3LW, UK
UKHW031832170726
13836UKWH00004B/1637